essentials

essentials liefern aktuelles Wissen in konzentrierter Form. Die Essenz dessen, worauf es als „State-of-the-Art" in der gegenwärtigen Fachdiskussion oder in der Praxis ankommt. *essentials* informieren schnell, unkompliziert und verständlich

- als Einführung in ein aktuelles Thema aus Ihrem Fachgebiet
- als Einstieg in ein für Sie noch unbekanntes Themenfeld
- als Einblick, um zum Thema mitreden zu können

Die Bücher in elektronischer und gedruckter Form bringen das Expertenwissen von Springer-Fachautoren kompakt zur Darstellung. Sie sind besonders für die Nutzung als eBook auf Tablet-PCs, eBook-Readern und Smartphones geeignet. *essentials:* Wissensbausteine aus den Wirtschafts-, Sozial- und Geisteswissenschaften, aus Technik und Naturwissenschaften sowie aus Medizin, Psychologie und Gesundheitsberufen. Von renommierten Autoren aller Springer-Verlagsmarken.

Weitere Bände in dieser Reihe http://www.springer.com/series/13088

Burkhard Bierhoff

Liebe im Konsumkapitalismus

 Springer VS

Prof. Dr. Burkhard Bierhoff
Brandenburgische Technische
Universität Cottbus-Senftenberg
Cottbus, Deutschland

ISSN 2197-6708 ISSN 2197-6716 (electronic)
essentials
ISBN 978-3-658-14716-7 ISBN 978-3-658-14717-4 (eBook)
DOI 10.1007/978-3-658-14717-4

Die Deutsche Nationalbibliothek verzeichnet diese Publikation in der Deutschen Nationalbibliografie; detaillierte bibliografische Daten sind im Internet über http://dnb.d-nb.de abrufbar.

Springer VS

Gedruckt auf säurefreiem und chlorfrei gebleichtem Papier

Springer VS ist Teil von Springer Nature
Die eingetragene Gesellschaft ist Springer Fachmedien Wiesbaden GmbH

Was Sie in diesem *essential* finden können

- Eine Einführung in den Zusammenhang von Liebe und Konsum
- Formen der Liebe zwischen Tauschwert, Gebrauchswert und Liebenswert
- Eine Kritik der Kommodifizierung der Liebe im Konsumkapitalismus
- Anregungen für eine Praxis der Liebe fernab des Liebeskonsums

Inhaltsverzeichnis

Einführung 1

Die Formen der Liebe sind dem gesellschaftlichen Wandel unterworfen. In der gegenwärtigen Epoche des Konsumkapitalismus ist die Liebe vielgestaltig geworden. Die Suche nach Glück und Authentizität schließt experimentelle Formen des Liebens und Zusammenlebens ein. Sexualpartner sind im digitalen Zeitalter leicht zu finden. Pornografie ist vielen eine willkommene Abwechslung, da sie z. B. als „kulturelles Gegenmittel" Langeweile in Grenzen hält. Die Formen der Liebe sind zwischen Kommodifizierung und Authentizität angesiedelt. Teils bewegen sich die Liebesaktivitäten in einem scheinbar gesellschaftsfreien Raum, zu einem nicht geringen Teil sind sie jedoch der Freizeit- und Bewusstseinsindustrie unterworfen.

Die gegenwärtige Lebensweise ist vom Industrialismus geprägt, der als Grundlage jeden Fortschritts gilt. Auch die Liebeskräfte sind in diesen Zusammenhang integriert. Zugleich gibt es Tendenzen, den Eros als verbindende Kraft zwischen den Menschen neu zu ordnen. Das Buch ist dem Problemkontext zugeordnet, ob in neuen wie alten Formen der Liebe dem Industrialismus die psychoenergetische Grundlage entzogen und die gestörte Weltharmonie geheilt werden kann. Kann die Kraft der Liebe die Kritik am Industrialismus und Konsumismus mit den notwendigen praktischen Akzenten versehen, die zu einer Umgestaltung der menschlichen Beziehungen und zu einer Erneuerung der Gesellschaft führen? Lässt sich die Kraft der Liebe für eine gesellschaftliche Umkehr nutzen, die uns vor dem Exterminismus als der möglichen Endphase der globalisierten westlichen Zivilisation bewahrt?

In den derzeit gelebten Formen lieben sich die Menschen relativ frei auf vielfältige Weisen, die individuell gewählt erscheinen, sich aber dennoch an Vorlagen des Konsums, der Pornografie oder an gesellschaftlichen Erwartungen hinsichtlich Beziehungsgestaltung, sexueller Leistungsfähigkeit und Sexualpraktiken ausrichten. Die Praxis der Liebe ist gesellschaftlich auf den Konsum ausgerichtet,

© Springer Fachmedien Wiesbaden 2017
B. Bierhoff, *Liebe im Konsumkapitalismus,* essentials,
DOI 10.1007/978-3-658-14717-4_1 1 ja sogar der Konsumfreiheit untergeordnet. Sie hat überwiegend keine den Konsumkapitalismus hinterfragende oder übersteigende Wirkung, die über den privaten Bereich hinausreicht. Trotzdem erscheint sie widersprüchlich. Auch wenn *Romantik* konsumierbar ist, lässt sie sich doch nicht auf ein Konsumgut reduzieren.

Es ist ein Gemeinplatz, dass die Liebe freier und vielgestaltiger geworden ist. Dies wird mit der sogenannten *Sexuellen Revolution* der 1960er Jahre in Verbindung gebracht, deren Ergebnis, vielleicht in erster Linie, die Marktförmigkeit und Kommodifizierung von Liebe war. Heute sind die Möglichkeiten zu lieben erweitert. Neue Kontakt- und Befriedigungsformen in der digitalen und der realen Welt sind entstanden, die sich um Pornografie, Sexsucht und Partnerbörsen gruppieren, aber weiterhin auch Animation, Prostitution und Zwangsprostitution beinhalten. Die Sichtweisen und Erfahrungen der Liebe haben zugenommen und sind im öffentlichen Raum wahrnehmbar geworden. Sie umfassen Liebeskonsum, Partnerschaft und Romantik, experimentelle Lebensformen, freie Liebe, Promiskuität, polyamore Bindungen. Eine der vielen Fragen ist, ob die Liebe dem Lust- oder dem Glückserleben gilt und je nach persönlichen Vorlieben in flüchtigen Beziehungen oder mit intensiven vertrauensvollen Bindungen gelebt wird und was die gesellschaftlichen Implikationen der Liebe sind. Ist Liebe eine gesellschaftsgestaltende Kraft, die im Ausgang der wissenschaftlich-technischen Zivilisation ein neues anthropologisches Progressionsniveau erreicht und die formal-operationalen Fähigkeiten, die eine wesentliche Bedingung des Industrialismus bilden, mit einer neuen postkonventionellen Moral zu verbinden vermag, die der Vision einer „empathischen Zivilisation" (Rifkin) entspricht?

In einem ersten Schritt gehe ich auf die Strukturen der Konsumgesellschaft ein, die gleichermaßen Begrenzungen und Entwicklungsmöglichkeiten der Liebe bedeuten. Als die zivilisatorische Grundlage dieser Gesellschaft gilt der *Industrialismus,* der mit seiner Rationalität die moderne und postmoderne Welt durchzieht. Der Industrialismus beruht auf einem Sprung in der Entwicklung des Bewusstseins, das auf einem erhöhten anthropologischen Niveau das formal-operationale Denken in den Naturwissenschaften ermöglichte und zugleich zu individualisierten Beziehungen geführt hat, die Liebe als Herzensangelegenheit, als private Gestaltungsaufgabe, als Garant für Glück und Wohlsein betrachten. Doch ist mit dem Industrialismus auch eine andere Seite verbunden. Er hat mit disziplinierender Rücksichtslosigkeit die Menschen der Maschine unterworfen und die Ressourcen der Natur ausgebeutet und verschwendet. Durch die zunehmenden Konsumchancen im sich entwickelnden Konsumkapitalismus hat sich das industrielle Disziplinarregime nur scheinbar gelockert. Die Menschen wurden an ein bequemes Leben im Konsum angepasst, mit dem sie die funktionalen

Erwartungen des Systems im freiwilligen Gehorsam erfüllten. Auch das sexuelle Verhalten der Menschen näherte sich zunehmend dem Modell der Konsumfreiheit an, indem es als ein unproblematisches Konsumgut dem Vergnügen dienen und frei machen sollte. Doch willigt dieses Modell, das die ganze Welt auf Gegenstände des Konsumierens reduziert, lediglich in die Kommodifizierung ein und schwächt die menschlichen Widerstandskräfte gegen Formen repressiver Integration. Demgegenüber kann der *Eros* als bewusstes Strukturprinzip unseres Zusammenlebens der Entwicklung unseres Selbst in wechselseitiger Bezogenheit dienen, wenn es gelingt, die biophilen oder lebensdienlichen Kräfte im Postindustrialismus freizulegen.

Die folgenden Ausführungen bilden ein komplexes Gewebe, das auf der Kommodifizierungsthese gründet. Diese besagt, dass der Konsumkapitalismus die Liebe *als* Konsum vereinseitigt und fügsam gemacht hat. Die Liebeskräfte, die für die menschlichen Beziehungen als gestaltende Kraft notwendig sind, werden im industrialistischen Kontext der Massenproduktion systemkonform vereinnahmt.

Die Liebesindustrie im Konsumkapitalismus inszeniert die Liebe als ein Spektakel. Kommodifizierte Spielarten und Formen der Liebe werden beispielhaft beschrieben. Um meine These zu entfalten, dass die konsumkapitalistisch kommodifizierten Formen der Liebe in ihrer Gebrauchswertdimension eine versteckte Infragestellung der Kommodifizierung beinhalten, gehe ich u. a. auf das im Film *Pretty Woman* dargestellte Beziehungsmodell ein, auf Pornostars, die Superlative leben wie Sasha Grey, und schließlich auf das experimentelle Liebesentwicklungsmodell von *Shades Of Grey*. Äußerungen der Sexualität wie z. B. Telefonsex, Parkplatzsex, Speeddates und Cybersex sind deutlich in den Massenkonsum eingebunden. Hier bieten sich polyamore Formen der Liebe als eine befreiende Möglichkeit an. Sie sind daraufhin zu befragen, ob sie die Kommodifizierung zu durchbrechen vermögen. Um frei zu sein und grenzüberschreitend zu wirken, muss die Liebe aus der Kommodifizierung heraustreten.

Eine entscheidende Bedingung für die Entfaltung der Liebes- und Rettungskräfte liegt in der Überwindung der Glücksarmut. Liebe ist mit Glücksansprüchen und dem Erleben von Glück verbunden. Sie ist wider alle Kommodifizierung in ihrem Kern dem Ökonomischen entgegengesetzt und strebt nie Effizienz an. Kann sich eine kulturelle Neuorientierung auf die Liebeskräfte der Menschen stützen? Gibt es Chancen, die Liebe in der *rettenden Bewusstheit* (Rudolf Bahro) freizusetzen? Lassen sich mit *Liebe* auf einem gesteigerten anthropologischen Niveau die zerstörerischen Folgen des Industrialismus zurückdrängen?

Der Leser sollte keine vollständigen Antworten auf diese Fragen erwarten, sondern an ihrer praktischen Beantwortung mitwirken. Es ist nicht die Intention des Verfassers, ein Werk über Liebe zu schreiben, sondern lediglich einige Anregungen zu geben, die die Liebe als gesellschaftliche Kraft betreffen. Zu vielfältig ist das Thema, als dass man es in einer Monografie erschöpfend abhandeln könnte. Schon die verschiedenen Formen der Liebe, *Agape*, *Eros* und *Filia*, sind eigener Abhandlungen wert. Liebe erscheint als eine menschliche Motivation, die nicht nur im Privatleben, sondern auch im Beruf ihre Kraft entfalten kann. Als soziale Kraft hat sie u. a. in den sozial helfenden Berufen einen hohen Stellenwert, auch wenn sie oft von der Lohnarbeit überformt und unkenntlich gemacht wird. Fast alle Menschen weisen der Liebe eine zentrale Bedeutung für ein erfülltes Leben zu, dies stärker im Privat- als im Berufsleben, obwohl es unmöglich ist, die menschlichen Haltungen nach Privatheit und Beruf aufzuspalten. Besonders für die Konsum- und Arbeitswelt ist diese Spaltung kennzeichnend, da nicht mehr der gesamte Mensch gefragt ist, sondern lediglich bestimmte funktional verwertbare Eigenschaften wie Flexibilität, Teamfähigkeit oder Innovationsfreude. Der Mensch als liebevolles Wesen, das die anderen nicht übertreffen will, ist in diesem Kontext weitgehend unbekannt.

Strukturen der Konsumgesellschaft 2

Die Konsumgesellschaft ist eine entwickelte Form der Warengesellschaft, die auf industrieller Massenproduktion gründet. Während der Konsum in der Alltäglichkeit leicht zu beschreiben ist, werden die tiefer liegenden Strukturen des Industrialismus oft nicht hinterfragt, obwohl die westliche Zivilisation ihren Entwicklungssprung ohne das formal-operationale Denken in den Naturwissenschaften, die Entzauberung der Welt durch technologische Naturbeherrschung und die Disziplinierung der Menschen nicht hätte erreichen können. Das in den westlichen Industriegesellschaften erreichte Entwicklungsniveau wird in der Größe eines quantitativ bestimmten Lebensstandards gemessen, der weitgehend mit den Möglichkeiten des Massenkonsums identisch ist.

Mit Erich Fromm lässt sich der moderne Konsum als eine im Charakter verankerte Haltung begreifen, die die Welt auf einen Konsumgegenstand reduziert. Mit der Hilfe des Konsums tritt der Mensch auf eine entfremdete Weise zu der Welt der Menschen und Dinge in Kontakt. Dabei reduziert er die Welt auf Objekte, die zu seinen Begierden passen, um sie zu benutzen, ohne ein tieferes Interesse an ihr zu finden. Erich Fromm hielt diese Kontaktweise für überaus entfremdet, weil Gier und Rücksichtslosigkeit ein genuines Interesse mit liebender Bezogenheit zu der Welt ausschließen. Auch die Aktivitäten der Liebe können auf diesen entfremdenden Objektstatus reduziert sein.

Nachdem die repressive Moral der Disziplinargesellschaft durch die weitgehende Permissivität der Konsumgesellschaft ersetzt wurde, erschienen die Menschen als frei. Im Konsumkapitalismus wurde die sexuelle Befreiung jedoch benutzt, um den Menschen die Haltung des Verzichts auszutreiben. Zugleich hat er das sexuelle Verhalten dem Marketing unterworfen, um die sexuelle Attraktivität und die Verkäuflichkeit auf dem Personalmarkt zu erhöhen. Insgesamt stimuliert das permissive Sexualverhalten direkt und indirekt das Bedürfnis nach Konsum. So wurde das sexuelle Verhalten vieler Menschen an das Muster des

© Springer Fachmedien Wiesbaden 2017
B. Bierhoff, *Liebe im Konsumkapitalismus*, essentials,
DOI 10.1007/978-3-658-14717-4_2

allgemeinen Konsums angepasst. Auch Fromm interpretierte die sogenannte Befreiung der Sexualität als die Ausdehnung der Konsumhaltung auf alle Bereiche des menschlichen Lebens, um die Entwicklung der Konsumgesellschaft voranzutreiben und den Industrialismus zu bestätigen.

Mit dem Industrialismus ist ein neues Niveau psychogenetischer Entwicklung entstanden, das auf dem formal-operationalen Stadium gründet. Hier ist auf die entwicklungspsychologischen Arbeiten von Jean Piaget zu verweisen und die Weiterführung dieses Ansatzes in Verbindung von Psychogenese und Soziogenese (vgl.: Piaget 1981; Oesterdiekhoff 2013). Es ist besonders die Entwicklung der formalen Intelligenz, die mit naturwissenschaftlichem Denken und bestimmten Stadien der moralischen Urteilsfähigkeit verbunden ist. Dieser Sprung in der Entwicklung des Bewusstseins hat den Siegeszug des Industrialismus ausgelöst, der dem westlichen Menschen nicht zuletzt auch eine Struktur der Bequemlichkeit offeriert hat, die als soziale Errungenschaft gilt.

Der Industrialismus hat die ihm unterworfenen Menschen von spezifischem Elend und Formen der Entfremdung und Mühsal befreit, ihre Abhängigkeit von der Natur technologisch gelindert, die materiellen Bedürfnisse durch die Versorgung mit Lebensmitteln gesichert, die Gesundheit durch medizinische Vorsorge und Therapien verbessert, die Kindersterblichkeit verringert und die Lebenserwartung erhöht, Bequemlichkeiten wie Zentralheizungen und den allgemeinen Güterwohlstand hervorgebracht. Er hat mit dem Zugang zu ehemals fernen Ländern deren Kultur und Schönheit ohne die früheren Beschwernisse langer unkomfortabler Reisen erfahrbar gemacht. Überdies hat er breiten Schichten Bildung und Erziehung ermöglicht und dabei die Abkehr von soldatischer Disziplin und Fabrikdisziplin in dem früher selbstverständlichen Umfang vollzogen. Im Gefolge von Individualisierungs- und Pluralisierungsprozessen sind neue Formen der Liebe mit Erwartungen von Romantik und freier Partnerwahl entstanden. Wir haben uns an all das gewöhnt, was der Industrialismus hervorgebracht hat, und die offenen Horizonte und Linien der gesellschaftlichen und persönlichen Entwicklung in unsere Erwartungen einbezogen. Allzu bereitwillig haben wir den Versprechungen des Industrialismus geglaubt und seinen Anweisungen Folge geleistet, haben uns in Fleiß und Selbstverleugnung der Fabrikdisziplin, später dann dem Leistungsethos gebeugt und den gesellschaftlichen Autoritäten unterworfen, sind politischen Führern und Vorgesetzten, später Moden und Meinungen, den Konsumerwartungen und vorgegebenen Lebensstilen gefolgt. Doch hat der Industrialismus die Kräfte des Selbst nicht vertieft und kultiviert, sondern bloß oberflächlich erweitert, die Vergnügungen einer Minderheit der Weltbevölkerung unbekümmert seiner globalen Folgen intensiviert.

Die westliche Industriekultur hält sich allen anderen Kulturen und Lebensformen gegenüber für überlegen. Ihre Bewusstseinsverfassung mit der industriellen Arbeitsdisziplin und den strukturellen Gewalt- und Übermächtigungsstrategien ist in Verbindung mit dem kompensatorisch wirkenden hedonistischen Konsum gegenüber allen anderen Bewusstseinsformen sowie Gestaltungsformen des Sozialen bislang siegreich geblieben. Die Legierung von Industrialismus und Militarismus hat nach innen und außen zu einer scheinbar unüberwindbaren Stärke geführt, die in einer versachlichten Rationalität und bürokratisch-technokratischen Gesinnung mündet, die die Funktionalität des Industriesystems sichert, ohne sich global und zukunftsbezogen um Ausgleich zu bemühen. Dem Zweckdenken ist Empathie nicht eingeschrieben, ebenso wenig wie Vernunft und Liebe. Das System als Ganzes scheint unbeirrt weiter in Richtung weltweiter Expansion zu gehen, ohne die natürlichen Schranken anzuerkennen, die seinem Wachstum gesetzt sind.

Kommodifizierung im Konsumkapitalismus

3

Vernunft und Liebe als primäre Kräfte der Menschen sind im Industrialismus reduziert. Empathie und Zuwendung werden durch die systemkonforme Einbindung der Menschen auf der Grundlage von Verdinglichung und Entfremdung, durch Angst, Konkurrenz und Nötigung, behindert. Die mit dem Industrialismus als *Megamaschine* (Mumford 1974) einhergehende ökologische Krise ist mit Rudolf Bahro als eine Pathologie der Psychodynamik des modernen westlichen Menschen zu werten.

Die kommodifizierte Struktur der zwischenmenschlichen Beziehungen gründet auf Distanz und Angst, verbunden mit Wünschen nach Nähe, Annahme, Intimität und Geborgenheit. Sie wird durch Erziehung vermittelt, die einen spezifischen Sozialcharakter erzeugt, der in das Spektrum von arbeitsam und konsumbeflissen eingeordnet werden kann und in seiner Funktion in erster Linie der Systemintegration dient.

In Sozialanalysen, die Phänomene wie Verdinglichung und Entfremdung im Konsumkapitalismus betonen, gilt das Subjekt als einer umfassenden Kommodifizierung unterworfen. Merkmale dieser Kommodifizierung im Alltagsleben der Menschen werden sichtbar, wenn man den Warencharakter des menschlichen Vermögens, der menschlichen Beziehungen und der Lebensformen beschreibt. Doch kann der Kommodifizierungsthese auch widersprochen werden. Die *conditio humana* ist nicht auf Kommodifizierung angelegt. Kommodifizierung ist ein historisch relativ neues Phänomen, das nicht wesentlich zum Menschen gehört. In der Kommodifizierung werden Beziehungen z. B. durch Geld und Schönheit als Ressourcen vermittelt. Obwohl die Liebe wie ein Geschenk ist und käuflich nicht erworben werden kann, wird sie der ihr wesensfremden Warenstruktur unterworfen und kommodifiziert.

Trotz der hohen Plausibilität der Kommodifizierungsthese besteht jedoch die Gefahr, die hoffnungsvollen Perspektiven, die mit der Liebe verbunden sind, zu

© Springer Fachmedien Wiesbaden 2017
B. Bierhoff, *Liebe im Konsumkapitalismus,* essentials,
DOI 10.1007/978-3-658-14717-4_3

simplifizieren und die Reflexion zu vereinseitigen. Die Kommodifizierungsthese verführt zu einem eingeschränkten Blick auf die Sozio- und Psychopathologien in der Gesellschaft und lässt Fragen der Salutogenese außer Acht. Hier ist an Erich Fromm zu erinnern, der in *Wege aus einer kranken Gesellschaft* (1955a) mit dem Begriff der *Sane Society* eine vernünftige und zurechnungsfähige Gesellschaft bezeichnete, die in der Abkehr von normopathologischen Strukturen Formen der Entfremdung und Selbstentfremdung zurücknehmen und die Menschen unterstützen könnte, sich bewusster und liebevoller aufeinander zu beziehen.

Menschliche Beziehungen allgemein, ebenso wie Liebesbeziehungen im Besonderen, gehen nie völlig in kommodifizierten Strukturen auf, weil das Subjekt immer auch Eigenes in die Waagschale zu werfen vermag, das mehr oder weniger weit von Kommodifizierung entfernt sein kann. Eva Illouz zeigt in *Der Konsum der Romantik* (2003), dass sich die Menschen zwar innerhalb des Konsumspektakels bewegen, aber auch mit Distanz und Eigenwillen. Es sind eben Verabredungen in einer Konsumgesellschaft, die von den Subjekten mehr oder weniger gestaltet werden und dabei ihre Klischeehaftigkeit verlieren können.

Die liebenden Subjekte sind in ihren Versuchen zu lieben auch immer mit den Leiden der Intimität konfrontiert, die auf die allgemeine Glücksarmut im Konsumkapitalismus verweisen. In der Intimität findet das Versteckenspielen ein Ende, bedeutet aber immer auch Selbstkonfrontation, etwa mit der eigenen Glücksarmut und den Defiziten an Liebe, Geborgenheit und Sicherheit, die auf die frühe Kindheit verweisen. Was hier an Tiefenschichten der individuellen Erfahrungsstrukturen nach außen drängt, enthält nicht nur das ganze Elend der Kommodifizierung, sondern oft auch die innere Hoffnung oder gar Gewissheit, dass die Glücksarmut – ohne den Glücksversprechen der Konsumgesellschaft aufzusitzen – durch Liebe überwunden werden kann.

Der Ökonomismus kennt keine Liebe, allenfalls in ihren kommodifizierten Formen. Vielleicht lässt er sich abmildern oder sogar aushebeln, wenn Menschen im Beruf, im Konsum- und Freizeitverhalten miteinander achtsam umgehen, sich ehrlich aufeinander beziehen und Feindbilder ablegen. Die ethische Grundlage des zwischenmenschlichen Umgangs liegt in der Prämisse: „Der Mensch ist Selbstzweck" (Immanuel Kant). Der Mensch ist weder auf ein Ding noch auf eine nützliche Funktion zu reduzieren, sondern er hat einen Eigenwert mit Menschenwürde und Integrität. Diese Erkenntnisse sind bereits in der anthropologischen Struktur des Industriezeitalters verankert und müssen sich von dem auf technische Machbarkeit beschränkten Denken auf die kommunikative Sphäre der Beziehungsgestaltung ausdehnen und sich mit der Kraft der Liebe und des Mitgefühls verbinden.

In der Thematisierung der menschlichen und sozialen Probleme in der ausgehenden Industriemoderne sind auf dem formal-operationalen Niveau in Verbindung mit postkonventionellen Moralstrukturen Zeichen einer Entideologisierung zu finden. Interessen, die mit Unternehmertum und ökonomischer Entwicklung verbunden sind, lassen sich nicht mehr strikt von objektadäquater Erkenntnis und Wahrheitsbereitschaft trennen. Die Veröffentlichung von Marcel Fratzscher (2016), dem Präsidenten des *Deutschen Instituts für Wirtschaftsforschung* (DIW), zeigt diesen Trend an. Wirtschaft wird nicht losgelöst von ihren Folgen für die Lebensführung im Sinne sozialer (Verteilungs-) Gerechtigkeit betrachtet. Gegenläufig zu der Zerstörung des sozialethischen Fundaments der sozialen Marktwirtschaft durch Neoliberalismus und Ökonomismus und zunehmender sozialer Ungleichheit, scheint eine Konvergenz der Interessen zu entstehen, die sich an einer universalen Moral der Lebensdienlichkeit festmachen und sich nicht auf einzelne politische oder wirtschaftliche Lager beschränken. Solche Sozialdiagnosen bewegen sich auf einem neuen Niveau des Realitätssinns, der Sorge, Empathie und Wahrheitsbereitschaft und entspringen den Haltungen der „neuen Psychoklasse der Moderne" (deMause 2005), die seit mehreren Jahrzehnten ihre Kinder im Modus der Fürsorge erzieht. Gegenüber ökonomischen Prämissen und Forderungen wird den menschlichen Faktoren inzwischen zunehmend Vorrang eingeräumt. Warum sollte man diese Haltung nicht mit *Liebe* umschreiben?

Formen der Liebe zwischen Tauschwert, Gebrauchswert und Liebenswert

4

Es sind schon unzählige Bücher über Liebe geschrieben worden. Im Zentrum meines Unterfangens steht der Versuch, die Hintergründe für die in der postmodernen Gesellschaft sich verändernden Formen der Liebe zu erfassen. Auf neue Formen der Kontaktanbahnung über digitale Medien sowie Rückwirkungen des Konsumismus auf die Beziehungsfähigkeit und Beziehungsgestaltung der (insbesondere jüngeren) Menschen wird nicht ausdrücklich eingegangen, obwohl die Ausführungen zu Tauschwert, Gebrauchswert und Liebenswert sich diesbezüglich konkretisieren lassen.

Schon in den Begrifflichkeiten zeigt sich heute eine Differenzierung der Beziehungsformen und zugrunde liegenden Motive. So werden heute u. a. unterschieden: Sexbeziehung, One-Night-Stand, feste Zweierbeziehung, Offene Beziehung, Polyamorie, Swinging und Freie Liebe. Entsprechend reicht das Spektrum von kurzlebigen sexuellen Beziehungen über sog. Körperfreundschaften sowie experimentelle Beziehungen der Selbsterfahrung und Selbsterprobung bis zu relativ dauerhaften Liebesbeziehungen. Hinzu kommen unterschiedliche Akzente und Kombinationen von Sinnlichkeit, Zärtlichkeit, Körperlichkeit, Sexualität und Liebe. Viele dieser Formen sind nur schwer vom Markt absorbierbar und unterliegen nicht (oder nicht von vornherein) der Kommodifizierung, da sie einen authentischen Kern mit Entfaltungs- und Glücksansprüchen sowie wachsende Fähigkeiten der Bindung und Sorge aufweisen.

Mit Liebe sind starke gesellschaftliche Bindungskräfte bezeichnet, deren mangelnde Ausprägung Menschen in psychosoziale Notlagen bringen kann. Die notwendig werdenden sozialen Integrationshilfen der Gemeinschaft können Kriseninterventionen in Notfällen oder längere kontinuierliche Begleitungen in psychosozialer oder materieller Hinsicht erforderlich machen. Um soziale Not, die auch in Formen der materiellen Armut, der Bildungsarmut und Glücksarmut vorliegt, zu lindern und schließlich aufzulösen, ist die alltägliche Praxis der Liebe,

© Springer Fachmedien Wiesbaden 2017
B. Bierhoff, *Liebe im Konsumkapitalismus,* essentials,
DOI 10.1007/978-3-658-14717-4_4

der Erziehung und Begleitung, der Sorge um die Mitmenschen im weltweiten Maßstab auszudehnen. Die produktive Liebe mitsamt ihren noch unzureichend entwickelten Formen mit dem Abbau persönlicher und gesellschaftlicher Entfaltungsbarrieren ist deshalb zu fördern.

Liebe ist ein Thema, das die Menschen vielleicht schon immer bewegt hat, als ein Gefühl des Hingezogenseins, der Faszination, Selbstvergessenheit und Leichtigkeit. Wir wissen nicht, wie der Mensch in den Jäger- und Sammlerkulturen vor dem Neolithikum liebte, mit welcher Ernsthaftigkeit und mit welcher Hingabe. Vielleicht war Liebe als Gefühl dem Existenzkampf, dem Überleben als Stamm und als Gattung untergeordnet. Gleichwohl hat sie eine Evolution durchgemacht, die eine wichtige Rolle bei der Bindung und Integration in den Stamm oder später das Gemeinwesen gespielt hat. Liebe wird zunächst gebunden gewesen sein an den Selbsterhalt, der allerdings nur in Gemeinschaft möglich war. Sorge und Unterstützung waren in das Leben der Gruppe oder des Stammes eingeordnet. Im Kern mag immer schon die Anziehungskraft der Geschlechter gestanden haben, die sich als *Eros* bezeichnen lässt, als die Kraft, die Verbindungen zwischen den Menschen schafft und Zuneigung verstärkt. Heute ist Liebe zu einem fast universellen Thema geworden, das in der Privatheit genauso wie auf dem Marktplatz angesprochen wird. In der Neuzeit wurde Liebe zunehmend dem Individualisierungsschema unterworfen. Spätestens seit dem Zeitpunkt, wo Liebe und Romantik zu einem Anspruch geworden sind – bis hin zu Liebe als einem „Projekt", das auch scheitern kann –, ist die Liebe als ein zärtliches Gefühl mit Lust und Begehren nicht mehr aus dem Lebensgefühl und der Lebensplanung der Menschen wegzudenken. Das, was als romantische Liebe bezeichnet wird, hat sich als Modell im gesellschaftlichen Kontext der entstehenden Moderne entwickelt.

In der Liebe zwischen Mann und Frau (wie auch in anderen geschlechtlichen Kombinationen) sind Sexualität und Liebe mehr oder weniger miteinander verbunden und liegen zwischen den Extremen von Sex ohne Liebe und Liebe als platonische Verehrung des Partners oder der Partnerin ohne sexuelles Begehren. Relativ neu ist hingegen eine mit der Individualisierung und Pluralisierung entstandene Auffassung von Liebe, die sich für die gesellschaftliche Reflexion öffnet. Was sind die gesellschaftlichen Aspekte der Liebe? Wie ist Liebe als gesellschaftliches Phänomen schon vor unserer Subjektivität, vor unseren Gefühlen konstituiert? Welche gesellschaftlichen Interessenlagen modulieren die Liebe oder beuten sie gar aus?

Liebe in ihren verschiedenen Formen ist eine Bindungskraft, die zunächst das Überleben sichert, aber auch ermöglicht, gut und besser zu leben. In ihren heutigen Formen ist Liebe entgrenzt, das heißt, sie wird nicht mehr durch eine autoritäre Moral kontrolliert, ist weniger von traditionellen Standards bestimmt, sondern richtet sich eher an den Wechselfällen des Marktes und dem aus, was als eigener Wunsch empfunden wird.

Liebe als Gebrauchswertartikel zeigt eine Verbindung von Tauschwert und Gebrauchswert. Der Tauschwert ist in seiner konsumkapitalistischen Verankerung mit Kommodifizierung verbunden und bedeutet letztlich eine Verformung von Liebe in der Verdinglichung. Bei der Sexsucht löst sich der Tauschwert vom Gebrauchswert. Der Gebrauchswert bleibt allenfalls akzidentell; er schleift sich ab und muss in immer wieder neuen Kontakten arrangiert und belebt werden, damit die süchtige Verhaltensweise aufrechterhalten bleibt. Es entsteht eine ständige konsumistische Suche nach neuen Partnern, die auf dem Personalmarkt als Gebrauchswertartikel gleichsam erworben werden können. Doch ist der Gebrauchswert keineswegs eine bloße Bestätigung der konsumistischen Struktur. Auf die Befriedigung von Bedarf bezogen, weist er über einen reinen Tausch hinaus und schließt das Gegenüber im Sinne einer Subjekt-Objekt-Relation mit ein.

Liebe lässt sich zunächst in der Spannung, im Unterschied und in der Verbindung von Tauschwert und Gebrauchswert erfassen. Liebe, die sich überwiegend im Tauschwert zeigt, ist auf einen zeitlich begrenzten Tauschakt bezogen, in dem es nur zu einer oberflächlichen Berührung kommt. Diese Liebe beschränkt sich auf eine flüchtige Beziehung oder auf einen temporären Kontakt von mindestens zwei Menschen, die sich warenähnlich miteinander austauschen. Der Tauschwert kann mehr oder weniger vollständig der Kommodifizierung unterliegen. Im Tauschwert tritt allerdings auch der Gebrauchswert hervor, jedenfalls da, wo menschliche Nähe – und sei es körperliche Wärme – miteinander getauscht wird, denn der Gebrauchswert ist auf die Befriedigung von Bedarf bezogen. Dies kann der Bedarf sein, sich als soziales und sexuelles Wesen nicht von den anderen zu isolieren und die in der Physis wurzelnden Bedürfnisse zu erfüllen. Die Befriedigung physiologischer Bedürfnisse führt jedoch nicht auf einem direkten Weg zur menschlichen Entfaltung, sondern kann diese begrenzen. Der Gebrauchswert, der aus dem Tauschwert hervorgeht, ist auf ein Erleben gerichtet, das die Situation des Austausches fokussiert. Dieser Austausch kann – wie angemerkt – sehr wohl vom Tauschwert aufgesogen sein und sich in einem kommodifizierten Kontakt erschöpfen. Insoweit sich aber im Tauschwert auch der Gebrauchswert regt, ist der Tausch mit dem Ziel der Befriedigung von Bedarf notwendigerweise auf ein Gegenüber bezogen, mitunter lässt sich der Gebrauchswert dann nur mit einer Subjekt-Objekt-Relation beschreiben. Viele Formen der Liebe erschöpfen sich im Gebrauchswert, der – außerhalb der Sicherheitsmotivation – nicht unbedingt auf zeitliche Dauer bezogen ist. In der konsumistischen Gesellschaft kann der Gebrauchswert so der Warenform unterworfen sein, dass das getauschte Objekt und die mit ihm verbundene Erregung und Lust immer wieder erneuert werden muss, damit es reizvoll bleibt. Sein Gebrauch oder Konsum braucht gar nicht auf langfristige Bedingungen der Gestaltung der Interaktion oder gar menschlichen Bindung zu gründen, sondern auf der fallweisen Erreichbarkeit von körperlichen Qualitäten austauschender Partner beruhen, die für einander ersetzbar sind.

Eine so ansetzende Analyse braucht nicht falsch zu sein, erscheint aber doch als verkürzt, da sie eine Dimension der Liebe außer Betracht lässt, die in dem Gegensatz und der Verbindung von Tausch und Gebrauch sichtbar wird. Die Frage ist, ob es über den Gebrauchswert hinaus noch eine weitere Dimension gibt, die nicht für Waren, sondern für menschliche Beziehungen typisch ist. Diese dritte Dimension möchte ich hier als *Liebenswert* bezeichnen. Der *Liebenswert* ist auf menschliche Produktivität bezogen und sprengt letztlich die von Tauschwert und Gebrauchswert aufgespannte soziale Struktur mit dem konsumistischen Arrangement. Der Liebenswert geht insofern über den Gebrauchswert hinaus, als er die liebende Person in der partnerschaftlichen Wechselseitigkeit unter dem Aspekt des Selbstzwecks oder des Selbstwertes betrachtet. Während der Gebrauchswert in einer zeitlichen Begrenzung auf einen ständigen Neuanfang bezogen sein kann, wie man ihn z. B. in der Sexsucht findet, ist der Liebenswert im Sinne der Begegnung und Teilhabe auf ein Subjekt-Subjekt-Verhältnis bezogen. Nur zwischen freien Subjekten findet eine Begegnung statt, die einen unmittelbaren und einfachen Gebrauchswert übersteigt, der sich situativ erschöpft und den anderen wie eine Ware oder Dienstleistung verbraucht. Der Liebenswert ist auf die Einmaligkeit der Subjekte und ihrer Begegnung bezogen. Er kann aktuell begrenzt sein, sich aber auch in der Zeit entfalten, sodass die von der Tauschwert- und Gebrauchswertkategorie aufgespannte Warenstruktur überschritten bzw. gesprengt wird.

Während im Tauschwert der Gebrauchswert durchscheint, regt sich im Gebrauchswert der Liebenswert. Der Liebenswert steht vor den gesellschaftlichen Kategorien des Tauschs und Gebrauchs, weil er eine anthropologische Tiefendimension berührt, die mit der menschlichen Begegnung und Entfaltung in eins kommt. Im Liebenswert drückt sich die *conditio humana* aus, die nicht auf eine Funktionalisierung des Menschen im Sinne einer warenförmigen Tauschwert- und Gebrauchswertorientierung verkürzt werden kann. Liebe ist von daher tendenziell auf eine Sprengung der kommodifizierten Struktur angelegt, unabhängig davon, ob die Chance zur Liebe wahrgenommen wird oder nicht. Nur der Liebenswert kann letztlich in der menschlichen Begegnung die Bedingung zur Entfaltung der Liebe liefern. Er ist nicht auf Kommodifizierung bezogen. Da ihm eine verdinglichte Struktur wesensfremd ist, bringt er den Selbstwert der liebenden Subjekte zum Ausdruck.

Der Liebenswert ist auf lebendige Wesen bezogen, kann jedoch auch auf Objekte fehlgeleitet werden. Im Konsumkapitalismus „lieben" die Menschen auch Waren, wie beispielsweise der Liebhaber von schnellen Autos und die Liebhaberin von modischer Kleidung zeigen. Auch bei diesen kompensatorischen Formen ist die Liebe zu den Dingen nicht Selbstzweck, sondern zeigt sich eingebettet in eine ökonomische und soziale Struktur. So wird etwa versucht, mit den Mitteln des Massenkonsums oder des Prestigekonsums die eigene Identität aufzuwerten, den Eigenwert auf dem Personalmarkt zu steigern, um dazuzugehören, nicht ausgeschlossen zu sein, bewundert und anerkannt zu werden. Die Liebe zu den Waren, die unersättlich sein kann, zeigt sich als eine Option der Bezogenheit zu den anderen, die jedoch zumeist in der Kommodifizierung untergeht.

Liebe ist ein menschlich-soziales Phänomen, das biologisch begründet ist und durch die gesellschaftlichen Umstände strukturiert, präformiert und begrenzt wird. Wenn man sich der Liebe annähert, nähert man sich nicht nur einer Gefühlsqualität an, sondern ebenso einer gesellschaftlichen Kategorie. Insoweit wir in einer entfremdeten Gesellschaft leben, kann es schwierig sein, Liebe in ihrer Differenziertheit und beglückenden Fülle, die sie als Potenzial beinhaltet, zu erfahren und zutreffend zu beschreiben. Im Konsumkapitalismus sind wir von Formen der Liebe umstellt, die kaum mit der Begrifflichkeit der authentischen Liebe umschrieben werden können. Liebe in den konsumistischen Formen erscheint oft als besitzergreifend. War vor nicht allzu langer Zeit das besitzergreifende Moment von Sicherheitsmotiven und Verlustängsten geprägt, so ist die besitzergreifende Liebe heute oft nur durch Kommodifizierung im Strom der Waren bestimmt, das heißt, dass der potenzielle Liebespartner nicht festgehalten werden muss, sondern immer wieder von Neuem gefunden werden kann. Entsprechend der Warenstruktur lauert im Konsumkapitalismus an jeder Ecke ein neuer Liebhaber oder eine neue Liebhaberin. Die kommodifizierte Struktur der besitzergreifenden Liebe hat sich von daher geändert, insofern sie nicht mehr vorrangig an Besitz, sondern an Gebrauch gebunden ist. Diese Verschiebung erscheint typisch für die Postmoderne. So wie Jeremy Rifkin diese Verschiebung beschrieben hat, geht es um *Access,* um Gebrauch und Nutzen. Damit ist die Kategorie des Gebrauchs bzw. der Nutzung gestärkt worden. Die Gefahr der Verdinglichung ist nicht ausgeschlossen, insofern der Gebrauch in die Warenstruktur eingebettet bleibt und in den menschlichen Beziehungen die Warenstruktur zumeist nicht in Richtung des Liebenswerts überschritten wird.

Erst wenn die Menschen erkennen, dass Liebe – jedenfalls in ihrem Kern – weder eine Frage des Tauschs und Gebrauchs noch des Besitzes, sondern der *Begegnung* ist, wird die Warenstruktur tendenziell überschritten. Es zeichnen sich neue Horizonte liebevoller Begegnungen ab. Diese Liebe kann in ihren gesellschaftlichen Entwicklungsstadien – wie in der Subjektivität der Liebenden erfahrbar – sehr wohl vereinseitigt sein, sich also auf erotische Liebe oder Nächstenliebe beschränken. Wenn sie ganz ist, schließt sie mit der Fähigkeit der Zeugung und Empfängnis neben der erotischen Dimension auch die mütterliche bzw. väterliche Dimension der fürsorglichen und fordernd-anregenden Begleitung ein – und dies in einer entfalteten Form, wie sie von Hans-Joachim Maaz (2003) neben den Fehlformen beschrieben worden ist. Auch die Mutterliebe geht über Tausch- und Gebrauchswert hinaus und ist der Gattung des Menschen gleichsam physiologisch eingeschrieben, sodass sie zur Entfaltung in sozialen Beziehungen drängt. Die Mutterliebe ist von Harry Harlow und anderen differenziert dargestellt worden (vgl. Blum 2010).

Die Liebe ist frei, auch für Irrwege. Heute befinden sich die Liebenden in einer Situation der Vielfalt und Ambiguität. Multioptionalität und Experimentierfreude haben eine repressive und autoritäre Moral zunehmend abgelöst und durch permissive konsumistische Formen ersetzt. Lust und Erregung rücken in den Mittelpunkt einer hedonistischen Lebenshaltung. Zugleich entstehen neue Formen moralischen Handelns im menschlichen Umgang wie in der Familienerziehung. Hier deutet sich ein grundlegender Wandlungsprozess an, in dem der Sozialisationsmodus weitgehend vom Empathiemodus abgelöst wird. Dies geschieht derzeit verstärkt in dem Milieusegment der „Psychoklasse der Moderne".

Konsumkapitalistische Inszenierungen der Liebe

5

Mit dem Übergang in die Postmoderne ist Besitz in gewisser Weise entwertet worden, denn die Frage, ob ich etwas *besitze,* ist weniger wichtig als die Tatsache, dass ich über etwas *verfüge.* Wie Jeremy Rifkin gezeigt hat, ist der Zugang zu und die Verfügung über Ressourcen in der Postmoderne gegenüber ihrem Besitz vorrangig geworden. Mit der Zunahme der Verfügung über Objekte und Menschen auf dem Markt ist eine Multioptionalität entstanden, die als Wahlfreiheit erscheint – mit ungeahnten Alternativen bis hin zur Beliebigkeit. Jetzt wird nicht in erster Linie das Objekt verdinglicht, sondern der Zugriff auf das Objekt selbst. Die Kommodifizierung wechselt ihren Ansatzpunkt, das heißt, sie verschiebt ihren Fokus vom Objekt auf die Beziehungsform. Gab es noch vor wenigen Jahrzehnten neben Kontaktanzeigen den Geschäftsbereich von Eheanbahnung und Partnerschaftsvermittlung in einer individuellen und begleiteten Form, so sind mit zunehmender Nutzung des Internets sogenannte Online-Partnervermittlungsinstitute und Singlebörsen entstanden, die sich als Kontaktbörse oder Seitensprungagentur verstehen, um dem Kunden die Suche nach einem Sexualpartner oder Freizeitpartner zu erleichtern. Der Zugriff auf menschliche Beziehungen und Beziehungsanbahnung durch Online-Agenturen, Kontaktanzeigen und Partnerinstitute wurde zunehmend kommerzialisiert und kommodifiziert. Subjektiv wurde diese postmoderne Entwicklung mit ihren vorher ungeahnten Möglichkeiten vielerorts als Befreiung empfunden.

Das, was in den 1960er Jahren als sexuelle Revolution bezeichnet wurde, hat sicherlich dazu beigetragen, Prüderie und Triebverzicht zugunsten neuer Freiheitsgrade, Genuss und Befriedigung zu verändern, auch zugunsten einer zunehmend offenen und ehrlichen Sexualmoral; gleichzeitig hat sie die Menschen und ihre Beziehungen dem Konsum unterworfen. In der Entsublimierung wird die Repression nicht mehr als solche erkannt (vgl. Marcuse 1965).

© Springer Fachmedien Wiesbaden 2017

B. Bierhoff, *Liebe im Konsumkapitalismus,* essentials,

DOI 10.1007/978-3-658-14717-4_5

Die Expansion des Konsumkapitalismus konnte die zwischenmenschliche Sphäre nicht ausklammern und musste die auf Verboten gründende repressive Sexualmoral auswechseln. Vordergründig wurde die heutige Sexualmoral liberalisiert, faktisch passte sie jedoch die Menschen perfekt in ein System ein, das maximalen Konsum erfordert, und blieb damit repressiv. Wie die Werbung suggeriert, soll man immer wieder Neues ausprobieren. Treue zu Produkten und Marken ist zwar vom einzelnen Anbieter erwünscht, doch zugleich versucht jeder Anbieter, neue Kunden zu gewinnen bzw. von der Konkurrenz abzuwerben. So wie Markentreue zwar als Option gilt, aber nicht durchgängig aufrechterhalten wird, ist auch die Treue in partnerschaftlichen Beziehungen relativiert worden. Zwar gibt es diese als Option, sie steht aber aufgrund der postmodernen Pluralisierung der Werte zur Disposition.

Für die vorherrschende Realität als Kontinuum der Anpassung ist die genannte Entsublimierung unverzichtbar, denn sie garantiert das anhaltende Interesse an den Güter- und Dienstleistungsangeboten, die über den Markt vermittelt sind. Indem falsche Bedürfnisse und Wünsche geweckt und angestachelt werden und mit den Formen marktgemäßer Identitätssuche unterlegt werden, dienen sie zugleich der Herrschaftssicherung *wie* der konsumistischen Genusssteigerung. Dieser Steigerung entspricht ein industriell entwickelter Prototyp von Sexualität, der Sinnlichkeit in kommodifizierten Formen praktiziert. Die repressive Entsublimierung ist heute mit einer Sexualität verbunden, die zur *Marktreife* statt zur menschlichen Reife entwickelt wurde. Gegenüber der Kommodifizierung ist der entstandene industrielle Prototyp blind. Seine Illusionen von Freiheit und Ungebundenheit werden durch Lustprämien gesichert, die jedoch die vorherrschende Glücksarmut prinzipiell nicht infrage stellen. Auf dem *Markt der Beziehungen* scheint eine Sexualität mit kompensatorischen Verhaltensweisen vorherrschend zu sein.

Der gesellschaftlich erzeugte Erlebnishunger veranlasst die Menschen, alle Konsum- und Lebenschancen wahrzunehmen und darüber zu vergessen, dass Beziehungen auch mit einer gewissen Anstrengung und Ernsthaftigkeit gestaltet werden müssen. Hier ist eine Dialektik von Glück, Einfachheit und Unbeschwertheit im Zusammenspiel mit der Arbeit an sich selbst angesprochen. Erich Fromm hat dies mit der Fähigkeit verglichen, ein Instrument zu beherrschen. Die hierfür notwendigen Fähigkeiten sind nicht anstrengungslos zu erwerben. Vielmehr wird mit einem hohen Einsatz das eigene Können zur Meisterschaft entwickelt. Dieses Vermögen ist in der heutigen westlichen Zivilisation eine Tugend, die fast schon ausgemustert ist. Heute geht es oft nur um das anstrengungslose Glücklichsein, das auf Begehren und schnelle Wunscherfüllung bezogen ist. Man darf eigentlich die Erfüllung eines Wunsches nicht verschieben; man darf nicht verpassen, das auszuprobieren, was die anderen auch ausprobieren. Dabei kommt eine Konformität zum Ausdruck, die letztlich die Entwicklung von menschlicher Produktivität, die Entwicklung des *menschlichen* Vermögens, behindert.

Das Bedürfnis nach Mehr ist ein Indiz für Knappheit, für eine Knappheit im Überfluss, auf die Jean Baudrillard (2015) hingewiesen hat. Diese geht mit der Mentalität einher, dass man nie genug hat. Genau in diesem Sinne hat Rudolf Bahro vom „Nimmersatt-Prinzip" gesprochen. Der Nimmersatt leidet unter einer Ökonomie der Knappheit, denn es ist nie genug da, um alle seine heute und morgen neu entstehenden Wünsche zu erfüllen und Befriedigung zu erlangen.

Ein Konsument, der bezogen auf die Warenwelt nie satt und befriedigt ist, kann diese Erfahrung als Erwartung und Haltung auf die Beziehungswelt ausdehnen und zu der Ansicht kommen, im Zwischenmenschlichen sei *eine* tiefe Beziehung zu wenig, denn diese ließe sich ja als ein Zeichen der Knappheit und des Mangels interpretieren. Konsequent kann einer solchen Situation der Knappheit und Beschränkung mit der Suche nach Abwechslung begegnet werden. Entsprechend haben sich in der Konsumgesellschaft neue Formen der Kontaktaufnahme und Beziehungsanbahnung herausgebildet, die ein breites Spektrum an Wünschen und Erwartungen beinhalten und Charakteristika aufweisen, die von „unverbindlich", „rücksichtslos" und „ausbeutend" bis zu „offen", „nicht besitzergreifend" und „achtsam" reichen. Besonderes Interesse haben in den letzten Jahren Beziehungen erfahren, die sich als „polyamor" verstehen und Liebe in Freiheit, als „freie Liebe", praktizieren wollen. Teils wird die „freie Liebe" auch schlicht als „Liebe" umschrieben, weil Freiheit ihr Wesensmerkmal ist und davon ausgegangen wird, dass Freiheit ein inhärentes Merkmal von Liebe ist, das unverzichtbar ist, damit Liebe überhaupt gelingen kann.

Bei der Vermarktung der Sexualität in der postmodernen Gesellschaft sind neue Formen des Tausches entstanden, die Dienstleistungen wechselseitiger Art beinhalten können, in denen aber auch versucht wird, den Wert des möglichen Partners in aufwendigen Prozeduren wie Abendessen oder Betreiben von Tests in verhörähnlicher Befragungsform zu erkunden (vgl. Matuschek 2014, S. 22, 24 f.). Die Chance der Begegnung wird durch solche Praktiken jedoch konterkariert und die Partnersuche bleibt ernüchternd. Auch hier scheinen die menschlichen Beziehungen dem Muster des Massenkonsums zu folgen: die immateriellen Bedürfnisse z. B. nach menschlicher Nähe müssen dauerhaft enttäuscht bleiben, damit die Konsumlust – also die Nachfrage nach Beziehungsangeboten, die online feilgeboten werden – ungebrochen bestehen bleibt. Dieses Universum kommodifizierter Beziehungsstrukturen und Strukturen des Lebens lässt sich nur schwer durchbrechen.

Ob es gelingt, statt eines instrumentellen Umgangs einen spielerischen Umgang mit kommodifizierten Strukturen zu pflegen, hängt unter anderem davon ab, mit welcher Haltung und mit welcher Kompetenz Stilmittel in der menschlichen Kommunikation und Begegnung eingesetzt werden. Diese können dazu dienen, die eigene Zugehörigkeit zu einem Milieu oder einer sozialen Schicht zu signalisieren, um auf diese Weise bei der Partnersuche den eigenen sozialen Ort im sozialen Schichtungsgefüge darzustellen und sich nicht unter dem eigenen Marktwert zu verkaufen. Es ist aber auch möglich, mit einer Haltung der Begegnung die eigenen Charakterzüge, Stärken und Schwächen, Wünsche und Hoffnungen in die Kommunikation einzubringen, ohne auf soziales Prestige und optimale Verkäuflichkeit durch Selbstinszenierung zu setzen.

Mit dem Zugang über das Internet sind neue digitalisierte oder digital vermittelte Formen von Liebe entstanden. Von besonderem Interesse für das Thema ist das Spektrum von realem und virtuellem Sex. Die Spannung von Kommodifizierung und Freizügigkeit scheint hier kennzeichnend zu sein. Die Freizügigkeit konnte sich vor einiger Zeit noch außerhalb des Internets in dem Begriff „finanzinteressenlos" ausdrücken, der gleichwohl marktgängige Leistungen bezeichnete. Das Tauschmittel für die Befriedigung von Bedürfnissen nach Abwechslung, Stimulation und Erregung ist dabei nicht materieller Art (Geld), sondern immateriell. Es wird Erregung gegen Erregung, Lust gegen Lust, Anerkennung gegen Anerkennung, Erleben gegen Erleben getauscht. Merkmal dieses Tausches ist die Orientierung am Gebrauchswert, der – ohne über Geld vermittelt zu sein – in einer Struktur der Wechselseitigkeit erbracht wird. Auch wenn nicht gesagt werden kann, dass diese gebrauchswertorientierten Formen des Austausches sich außerhalb von Kommodifizierung, von Verdinglichung und Entfremdung, bewegen, so ist die reale Befriedigung von Bedürfnissen doch auch für Wachstumsprozesse offen und muss sich nicht repetitiv nach dem Drehtürprinzip orientieren. Anzufragen ist auch das zugrunde liegende Verständnis von Liebe. Dieses kann von unverbindlichen Formen des sexuellen Kontakts mit stark eingeschränkter Intimität bis zur Liebe als Gefühl und beziehungsstiftende Qualität reichen.

Heutige Formen der Liebe, die sich als „freie Liebe" definieren, haben der sexuellen Revolution Varianten wie Polyamorie, One-Night-Stands und Speeddating hinzugefügt. Diese Varianten lassen sich einer hedonistischen Haltung zuordnen, die den Sinn des Lebens nicht in der Plackerei einer sinnlosen Arbeit sieht, sondern darin, sich etwas zu gönnen. So gesehen ist die Arbeits- und Leistungsgesellschaft der 1960er Jahre schließlich von der Erlebnis- und Spaßgesellschaft der 1990er Jahre abgelöst worden. In diesem Wechsel kam es zu einer Neubestimmung der Relationen zwischen Ich, Du und Wir. Der Erfahrungshunger der damaligen Zeit mit dem Versuch der Befreiung von einschränkenden Autoritäten und Regeln zeigte sich exemplarisch in dem von Fritz Perls formulierten *Gestaltgebet:* „Ich bin ich, und du bist du …" (Perls 1969, S. 12 f.).

Das Gestaltgebet von Perls lässt sich als ein Plädoyer für Autonomie lesen. Das aus einengenden Beziehungen und Konformismen heraustretende Subjekt vergewissert sich seiner grundsätzlichen Autonomie. Das im Hintergrund stehende Interaktionsmodell ist jedoch verkürzt und damit unzureichend. Denn Ego und Alter werden als prinzipiell unverbunden gedacht. Das unverbundene Selbst sucht ein anderes ebenso unverbundenes Selbst. Verbundenheit lässt sich nicht erzwingen – man muss geduldig auf den Moment warten können, ohne den anderen zu drängen, ohne ihn zu vereinnahmen und in das eigene Wunschbild zu zwängen oder in die eigene Bedürftigkeit zu integrieren. Sie ist schon in der Struktur zwischenmenschlicher Beziehungen als eine Grundvoraussetzung für ein gelingendes Leben angelegt und ermöglicht die soziale Integration des Selbst. Der Kampf um Autonomie in der dualen Struktur zweier ungebundener und einsamer Subjekte wird oft zu einem Versteckspiel der eigenen Verletzlichkeit, Bedürftigkeit und Abhängigkeit. Mit Bindungsangst und Misstrauen verfehlt man sein Gegenüber. Was bleibt, ist die abstrakte Chance, sich zufällig zu finden und in Verbundenheit zu leben. Doch die Hoffnung auf Verbindung ist von vornherein mit der resignativen Tendenz und Erwartung verknüpft, dass man den Misserfolg akzeptieren sollte.

So gesehen ist das Gestaltgebet Ausdruck von Glücksarmut und mangelnder Sozialintegration. Lediglich die funktionale Integration scheint garantiert zu sein, denn das sich zurücknehmende unverbundene Selbst braucht andere Sicherheiten und Aktivitäten, um seiner Isolation zu entkommen. Es tritt in den Personalmarkt ein, der inzwischen zum integrierten Teil der Konsumsphäre geworden ist, und versucht, seine Suche erfolgreich zu gestalten. Die Digitalisierung mit den Zugängen zum Netz mit Partneragenturen, Foren der Selbstdarstellung präsentiert ein reichhaltiges Angebot mit der Chance, das Gewünschte zu finden. Aber was ist das Gewünschte? Der beiläufige Kontakt im Cybersex, im realen Date, die virtuelle Freundschaft auf Distanz, die berührungslose Verbundenheit durch das Medium, das alle benutzen, das Gefühl der Zugehörigkeit zu einer unsichtbaren Gemeinschaft, die eigentlich nur die Merkmale einer soziologischen Kategorie aufweist? Ausgangspunkt mag der Wunsch nach Bindung sein, Ergebnis ist oft die Bindungslosigkeit. Abgelehnt wird „emotionale Verstrickung"; die Option auf persönliche Autonomie zeigt sich oft verbunden mit der „Abwehr enger emotionaler Bindungen aller Art". Das genau entspricht dem von Christopher Lasch herausgearbeiteten Merkmal der „unverbindlichen Bindung", die den Versuch einschließt, „Sexualität und Gefühl strikt zu trennen" (Lasch 1995, S. 282). Diese widersprüchliche Form der Bindung scheint Ausdruck von Erlebnishunger, Abwehr von Gefühlen, Kommodifizierung und „bindungsloser Bindung" zu sein. Diese merkwürdige Bindungsform, die mit leidenschaftlicher Suche nach Befriedigung, auch in der Zuschauerrolle, verknüpft sein kann, wird massenmedial propagiert, was an Beispielen aus der Regenbogenpresse und an der Inszenierung von wohlkonstruierten Teilphänomenen der Liebe in Containersendungen abgelesen werden kann.

Unterlegen lässt sich meine These von der umfassenden Kommodifizierung unter anderem mit zufällig gefundenem aktuellen Tratsch über Models und Finalisten. Der aktuelle Tratsch als Teil der Unterhaltungs- und Bewusstseinsindustrie vermittelt Maßstäbe einer Welt des Erfolgs, des Konsums und der Selbsterschaffung. Die hier referierten Beispiele dienen der Illustrierung und sind austauschbar. Sie verlieren ihre Aktualität, nachdem sie veröffentlicht sind. Deshalb geht es auch nicht um die Personen, die hier zur Sprache kommen und gleichsam ins Bild gesetzt werden. Sie sind nicht mehr als Protagonisten einer Szene, die keine Stabilität und Dauer hat, sondern von der Austauschbarkeit und Erneuerung lebt. Das von mir ausgewählte Material, das die Kommodifizierungsthese illustrieren soll, habe ich anhand von Internetquellen belegt, sodass der Leser darauf zugreifen und sich exemplarisch orientieren kann.

Zunächst werde ich mich auf den Film von Erik Gandini *Surplus oder Konsumterror* von 2003 beziehen, in dem u. a. eine *Liebespuppenfabrik* aufgesucht wird (Internet 1). Daran anschließend lasse ich lebende Puppen wie Micaela Schäfer und William aus München in ihren eigenen Worten zur Sprache kommen. Mit diesem Material lässt sich die Kommodifizierung im Industrialismus und Konsumismus sehr anschaulich und durchdringend belegen, auch wenn es sich hierbei und im Folgenden um Eindrücke und keine wissenschaftliche Inhaltsanalyse handelt.

Erik Gandini fängt in visuellen Szenen und Montagen die Absurdität der vom Industrialismus geschaffenen Objektwelt ein und kombiniert diese u. a. mit Zitaten von John Zerzan und Fidel Castro. In Interviewausschnitten wird die Industrialismuskritik von Zerzan nachgezeichnet, der sich Gedanken macht, wie das Leben aussehen könnte, wenn wir keine „Objektwelt mehr hätten, nach der wir ein Leben lang streben müssten". „All das zu bekommen, ist doch letztlich Nötigung. Immerzu zu arbeiten und zu konsumieren, das ist Wahnsinn. Dadurch wird einfach alles zerstört, und das muss aufhören". Ein weiteres Zitat stammt aus einer Rede von Fidel Castro, der jahrzehntelang Kuba vor konsumistischen Einflüssen aus dem Westen abgedichtet hat und die Funktion von Werbung auf einen einfachen Nenner bringt: „Auf den Straßen wird man ständig durch Werbung vergiftet, die falsche Träume und unstillbare Konsumsucht schürt". Die Botschaft des Films mag zwar plakativ sein, sie bietet aber Anregungen, über Industrialismus, Konsumismus und Kommodifizierung nachzudenken.

In seinem Film zeigt Erik Gandini eine Führung durch eine Liebespuppenfabrik. Fast gelangweilt werden Erläuterungen zu den käuflich erwerbbaren

Körper- und Kopftypen gegeben, die aus hochwertigem Material bestehen, sorgsam mit Perücken und Make-up hergerichtet werden, sodass sie beim Kunden keine Wünsche offenlassen. Einige Bilder wirken verstörend, wenn etwa die kopflosen Plastikkörper der Frauen in einem Lagerraum von der Decke herabhängen wie die Körper der industriell getöteten Tiere im Schlachthof. Zu erwähnen ist auch, dass sich im Angebot nicht nur Liebespuppen mit Frauen-, sondern auch solche mit Männerkörpern befinden. Ergänzend zur Thematik der Liebespuppen kann hier auf ein Gespräch verwiesen werden, das Sandra Hoyn mit einem Mann geführt hat, der mit einer Puppe namens Jenny partnerschaftlich zusammenlebt, sie liebevoll umsorgt, mit ihr spricht und sie in der Wohnung im Rollstuhl von Zimmer zu Zimmer fährt (Internet 2). Während diesem Gespräch menschliche Züge abzugewinnen sind, die nicht völlig in die Kategorie der Kommodifizierung passen, steht die Liebespuppenfabrik symbolisch für die totale Vermarktung der menschlichen Sexualität. Auch wenn Liebespuppen quantitativ nur spärlich im Gebrauch sind, wird doch die Relevanz des Themas erkennbar, wenn man die Liebespuppe unter die Kategorie des Sexspielzeugs subsumiert.

Nach dieser Exkursion mit der Darstellung von Modellen aus der Liebespuppenfabrik kann ich mit einem weiteren Modell weitermachen. Und zwar möchte ich mich auf eines der deutschen Topmodels, *Nacktschnecke* genannt, beziehen, das auch als ehemalige Dschungelcamp-Bewohnerin bekannt geworden ist: Micaela Schäfer. Kürzlich noch wurde sie als die „größte Beauty-Baustelle Deutschlands" bezeichnet. Bei diesem Model, das inzwischen 32 Jahre zählt, sind vier Brustvergrößerungen, drei Nasenkorrekturen sowie ein Kinnimplantat bemerkenswert. Des Weiteren sind die Augenlider gestrafft, die Wangen unterspritzt und die Lippen aufgefüllt (Internet 3). Regelmäßige Behandlungen mit Botox kommen hinzu. Obwohl dieses Spitzenmodell nach der Auffassung ihrer Bewunderer keine Wünsche offenlässt, unterliegt es der ständigen Selbstoptimierung. Von sich selbst sagt sie: *„Ich betrachte mich eigentlich wie eine Statue, wie ein Haus, das regelmäßig saniert werden muss"*. Wer will, kann Genaueres zu Micaelas Schönheits-OPs und zu ihrer Identität als Frau und Model erfahren. In Interviews teilt sie bereitwillig intime Details ihres Sexuallebens mit, wenn sie sich etwa über ihre Orgasmusfähigkeit auslässt (Internet 4). Zur Vermarktung gehört eben auch die Authentizität. Aber wer will das wirklich wissen?

Ich komme zu dem nächsten Modell. Es heißt *William*. Im Gegensatz zu den Puppen aus dem Film handelt es sich hier um einen „echten" Mann mit Gefühlen. So wie es für Adam nicht gut war, allein zu sein, wurde ihm *Heike* an die Seite gestellt. In der Nackt-Datingshow von RTL „Adam sucht Eva – Gestrandet im Paradies" soll es – nach Berichten vom 22.08.2015 – zwischen Heike aus Bad Tölz und William aus München zum ersten Insel-Sex gekommen sein. Schon vorher schwärmte Heike über William: *„Ein Mann wie aus dem Bestellkatalog!"* (Internet 5). Es bleibt aber als Frage, ob William wirklich die Bedürfnisse Kataloge wälzender Frauen zufriedenstellen kann. Sind andere Männer nicht viel attraktiver? Wer dieser Frage nachgehen will, kann etwa das Winnetouranking im Internet daraufhin absuchen, welcher Winnetou am attraktivsten ist, oder sich mit eigener Stimmabgabe am Ranking beteiligen (Internet 6). Zum Rankingwahn des Kulturkapitalismus gehörte auch, die „schönste Vagina der Welt" zu küren. Die Kandidatin zu ihrem Wahlsieg: *„Es ist wie bei allem im Leben. Es kommt auf die Präsentation an. Position, Licht ... es ist eher die Verpackung, als das Geschenk"* (Internet 7).

Hier schließt sich der Kreis zu der oben zitierten Aussage von John Zerzan. Was die Kommerzialisierung aus den menschlichen Bedürfnissen nach Nähe und Geborgenheit, nach Zugehörigkeit und Identitätserleben macht, grenzt in der Tat an Nötigung. Es ist eine triviale Dingwelt entstanden, die die Menschen auf Trapp hält, ihnen Zerstreuung und Unterhaltung bietet und gleichzeitig ihre Realitätstüchtigkeit und Urteilsfähigkeit unterläuft. Starkult, parasoziale Beziehungen und konsumistische Verhaltensdispositionen sind eine Folge dieser Entwicklung im medialisierten Konsumkapitalismus und Industrialismus.

Der Industrialismus versorgt uns mit einer Objektwelt und entmündigt uns zugleich. Wir sind auf diese Objektwelt aus kompensatorischen Gründen fixiert. Wir kaufen z. B. aus Gründen des demonstrativen Konsums. Wir bieten uns auf dem Personalmarkt feil und versuchen, den eigenen Marktwert möglichst hochzuhalten, sei es durch Kleidung oder Schönheitsoperationen. Hinter dieser Trivialisierung des Lebens verbirgt sich eine gesellschaftliche und persönliche *Glücksarmut*. Diese lässt sich nicht durch Sachen – durch Kaufen, Besitz oder Zugang zu käuflichen Dingen – heilen, sondern nur durch das Wagnis der Liebe, durch liebevolle Beziehungen zwischen Eltern und Kindern, zwischen Partnern, Freunden, Arbeitskollegen, zwischen unseren Nächsten, zu denen auch die vermeintlich Fremden gehören.

Polyamore und „normale" Beziehungen 6

In der öffentlichen Wahrnehmung hat sich das Spektrum möglicher Beziehungsformen deutlich erweitert. In den letzten Jahren sind polyamore Beziehungen zunehmend beachtet worden. Von Polyamorie kann genau genommen nur gesprochen werden, wenn eine solide Bindung zu mehr als einer Person besteht, die mit dem Gefühl der Liebe und ihren Derivaten verbunden ist. Bloß sequenzielle oder sich überschneidende Liebesverhältnisse reichen nicht aus, um den Kriterien der Polyamorie zu entsprechen. Polyamore Beziehungen werden von allen beteiligten Partnern und Partnerinnen gutgeheißen. Damit polyamore Beziehungen Bestand haben, dürfen z. B. bestimmte Reaktionsformen wie Eifersucht nicht so stark sein, dass sie destruktive Wirkungen zeigen. Heimlichkeit lässt eine Beziehung nicht als polyamor erscheinen, da die wechselseitige Einwilligung in diese Beziehungsform wesentliches Kriterium ist. So jedenfalls der Anspruch, der mit dieser Beziehungsform verbunden ist. Polyamorie unterscheidet sich, oder kann sich begrifflich von dem unterscheiden, was als *freie Liebe* bezeichnet wird. Unter freier Liebe wird Verschiedenes verstanden, im Kern des Verständnisses scheint aber der individuelle Gestaltungswille von Beziehungen nach Kriterien eines Freiheitsideals zu stehen, das keine Einschränkungen duldet. Im Allgemeinen kann auch Bindung als Einschränkung empfunden werden. Letztlich ist es jedoch eine Frage der Definition, was unter freier Liebe und polyamoren Beziehungen verstanden wird.

Polyamorie ist nicht zuletzt eine Frage der Normativität und des Lebensentwurfs. In der Postmoderne erscheint das Leben als ein Projekt, ein andauernder Entwurf mit Neuerungen, Siegen und Niederlagen – und manchmal auch radikalen Umwälzungen (die sich meist jedoch in den persönlichen und gesellschaftlichen Grenzen bewegen und durchaus konventionell sein können). Welchem Grundkonzept folgt der Lebensentwurf? Ist es der maximale Konsum? Ist es der Hedonismus? Entschleunigung? Gesundheit? Nachhaltigkeit?

© Springer Fachmedien Wiesbaden 2017
B. Bierhoff, *Liebe im Konsumkapitalismus,* essentials,
DOI 10.1007/978-3-658-14717-4_6

Experimentalismus? Traditionalismus? Treue oder Abwechslung? Nachfrage und Anerkennung auf dem Personalmarkt? Beruflicher Erfolg, materieller Reichtum? So gefragt, erscheint das Thema als sehr komplex.

Die Polyamorie wird auf der Grundlage solcher Strebungen und Konzepte unterschiedlich bewertet. Auf der normativen Grundlage von Hedonismus und Unverbindlichkeit, Sinnenfreude und Abwechselung, Stimulation durch neue Reize erscheinen polyamore Beziehungsformen als erstrebenswert. Aber was ist mit der Bindung? Leben die Partner in einer gemeinsamen Lebensform zusammen oder sind es fragmentierte Lebenswelten, die wie Inseln betreten werden, ohne dass sich die Bewohner dieser Inseln in Vertrautheit und Liebe aufeinander beziehen, da sie von der Option sich abzuschotten und zurückzuziehen Gebrauch machen oder sich bei Konflikten auf einen anderen Partner beziehen.

Polyamore Beziehungen sind ihrer Selbstdefinition nach nicht der Kommodifizierung unterworfen, da Liebe nicht als knappes, sich verbrauchendes Gut, das den Marktgesetzen unterworfen ist, betrachtet wird. In dieser Marktferne liegt ein entscheidendes Kriterium nichtkommodifizierter Liebesbeziehungen. Das entstandene Spektrum von Beziehungsformen ist jedoch keineswegs durchgängig marktabstinent und reicht von flüchtiger Beliebigkeit bis zu liebevoller Achtsamkeit und Aufmerksamkeit. Erschwerend für die freie Beziehungsgestaltung ist, dass die Charakterstrukturen der Menschen im Sinne des Sozialcharakters oft eine für den Konsumkapitalismus typische Ausrichtung auf das „Haben" (im Sinne von Erich Fromm) zeigen.

In seinem Bestseller *Die Kunst des Liebens* (1956a) hatte Erich Fromm einen reifen Modus der Liebe beschrieben, in dem die Menschen die Fallstricke der Konsumgesellschaft meiden und sich von schnellen Bedürfnisbefriedigungen und unverbindlichen Kontakten verabschieden. Er hielt die Liebe für so wichtig, dass er sie nicht den Wechselfällen der Konsumgesellschaft überlassen wollte, sondern dafür plädierte, dass die Liebenden ihre Liebesfähigkeit zur Meisterschaft entwickeln. Offenbar sprach er mit seinen Ausführungen die tiefen Bedürfnisse und Sehnsüchte vieler Menschen an. Denn anders lässt sich der millionenfache Verkaufserfolg seines Buches kaum erklären. Fromm beschrieb unterschiedliche Formen der Liebe, unreife symbiotische Formen, neurotische und reife Formen ebenso wie mütterliche und väterliche Liebe, Nächstenliebe und erotische Liebe. Auch das, was man heute als authentische Liebe im Gegensatz zur besitzergreifenden Liebe bezeichnet, ist von Erich Fromm sinngemäß dargestellt worden, letztlich als eine nichtkommodifizierte Form, in der die Menschen den Mut zur Grenzüberschreitung haben, aber auch den Mut, sich selber in Frage zu stellen und an sich zu arbeiten.

Fromms Beschreibungen etwa des seit den 1970er Jahren gehäuft praktizierten *Swinging* als einer Form konsumistischen Verhaltens machen deutlich, dass es sich hier um eine Art selbst gewählter Pannenhilfe in der Lebensgestaltung handelt, die oft dazu diente, quälender Langeweile, chronischer Depressivität und maskierter Verzweiflung zu entkommen. Linda Grant beschreibt das Swinging als eine entpolitisierte Form sexueller Freiheit, die nicht mit dem Anspruch eines neuen Lebens verbunden war und deshalb sehr konventionell erscheint (vgl. Grant 1994, S. 193 f.). Ein verbindliches und ernsthaftes Experimentieren mit neuen Beziehungsmodellen, die sich weder der Kommodifizierung unterwerfen noch von Selbstflucht und Eskapismus gekennzeichnet sind, ist durch die Kommerzialisierung der Szene zunehmend erschwert worden. Auch Formen der „freien Liebe", die sich außerhalb von Fluchtmechanismen positionieren, sind kritisch zu hinterfragen. Das gilt auch für die polyamoren Beziehungen, die an ihren selbst definierten Maßstäben zu messen sind. Wenn die *Polyamorie* überhaupt ein praktikables Liebesmodell ist, müsste sie dies in Bezug auf die Liebes- und Bindungsfähigkeit der beteiligten Beziehungspartner unter Beweis stellen und anderes als ein flüchtiges Experiment zur Gruppenehe sein.

Besonders der Polyamorie wird Misstrauen entgegengebracht. Dies kann dazu führen, sie vorschnell den kommodifizierten Formen der Liebe zuzurechnen. Die Verteidigung polyamorer Beziehungen und die Selbstzuordnung zu dieser Beziehungsform können auf einer Täuschung beruhen.

Von Ronald D. Laing stammt die Feststellung, dass eine doppelte Verhinderung möglich ist, etwas zu erkennen. Oft kann man einen Sachverhalt, in den man verwickelt ist, nicht erkennen, und man kann zusätzlich nicht erkennen, dass man diesen Sachverhalt nicht erkennen kann (vgl. Laing 1979). Damit hat man sich vor Infragestellung und Veränderung abgedichtet, das gegebene Beziehungsarrangement gefestigt und eine perfekte Selbsttäuschung entwickelt. Man greift auf die Elemente des Glaubens, Meinens und der Gewissheit zurück, die in der eigenen Charakterstruktur verankert sind.

Dann könnte man z. B. nicht erkennen, dass die Polyamorie ein von Kommodifizierung, Konsumismus und Hedonismus geprägter Weg ist, der sich als die Spitze der Innovation verkennt. Es ist im Allgemeinen nicht schwer, die eigenen Überzeugungen plausibel zu begründen. Diesen Begründungen ist mit Logik nicht beizukommen. Trotzdem lässt sich nicht ausschließen, dass polyamore Beziehungen Merkmale einer zukünftigen Gesellschaft vorwegnehmen. Die Wertung, Polyamorie sei ein kommodifiziertes Beziehungsverhältnis, könnte aus einer überkommenen Sexualmoral resultieren.

Die Frage, ob freizügige oder lediglich als ungewöhnlich empfundene Beziehungen kommodifiziert sind, ist auch auf die sogenannten „normalen" Beziehungen auszudehnen, die dem Muster der heterosexuellen Zweierbeziehung entsprechen. Diese sind ebenfalls sehr vielfältig und folgen keineswegs einem einfachen Modell. Die Kommodifizierung kann ein Merkmal dieser Beziehungen sein; es kann sich auch um eine Machtthematik handeln oder eine andere Struktur, die zu einem statischen, mitunter prekären Gleichgewicht führt.

Gesellschaftliche Aspekte der Partnerwahl können um ökonomische Vorteile gruppiert sein. Bei Verbindungen zwischen einem älteren Mann und einer jüngeren Frau muss nicht die authentische Liebe und Liebesfähigkeit der Ausgangspunkt sein, sondern diese können durch illusionäre Hoffnungen auf einen finanziell potenten aushaltenden Mann oder einen beschützenden, meistens von sich überzeugten Mann mit narzisstischen Zügen ersetzt werden. Alle Beziehungen leben vom Austausch, sei es von Gefühlsqualitäten oder immateriellen Dingen – oder von in Geld ausdrückbaren Quantitäten. So kann die Partnerwahl ein Tauschgeschäft mit einem stabilen Arrangement sein, das auf einer kommodifizierten oder machtstrukturellen Grundlage beruht.

Die Kommodifizierung ist sicherlich eine wesentliche Dimension in der gesellschaftlichen Konstruktion von Beziehungen im Konsumkapitalismus, aber eben keine unentrinnbare Totalität. Für eine generelle Beschreibung erscheint mir die These der Kommodifizierung als unverzichtbar, wenn es jedoch um die Entwicklung der Subjekte geht – in ihren Beziehungen, ihren Selbstreflexionen, in dem Ausloten der Gefühle – kann diese Kategorie hinderlich sein, denn Beziehungen gehen nicht in Kommodifizierung auf.

Sicherlich ist der Schluss gerechtfertigt, dass Beziehungen im Konsumkapitalismus der Warenform unterworfen und damit kommodifiziert sind. Da aber Gestaltungskräfte und unbewusste Dynamiken im Spiel sind, reicht es nicht aus, von Kommodifizierung zu sprechen. Jede Beziehung folgt einer besonderen Interaktionslogik, die ihrerseits auf die Psychologien der Beteiligten verweist. Da mit der Kommodifizierung eine bestimmte materiell aufgeladene Glücksvorstellung einhergeht, lässt sich die Beziehungsgestaltung vieler Paare in der Spannung zwischen einem Glück, das nach dem Vorbild der *Konsumlust* geformt ist, und der *Glücksarmut* der Konsumgesellschaft einordnen. Generell ist darauf hinzuweisen, dass nahezu alle Formen der Liebe in Konsumstrukturen eingebettet sind, was beispielsweise das „Ausgehen" wie der Besuch eines Restaurants oder eines Konzerts zeigt. Hier werden Stilmittel eingesetzt, um die eigene Identität darzustellen und Erwartungshorizonte für eine Beziehung aufzuzeigen. Erst aus dem weiteren Kontext lässt sich schließen, ob oder inwieweit es sich um Kommodifizierungen handelt. Zweckfreie Freizeitaktivitäten, die dem Genuss und der Selbsterfahrung dienen und das eigene Selbst oder die Beziehung bereichern, können marktvermittelt auftreten, ohne kommodifiziert zu sein.

Formen der Partnersuche und Partnerwahl sind gesellschaftlich vorgegeben und zeigen sich heute oft in einem Gemenge von Verdinglichung und Experimentalismus. Der Bezugsrahmen kann z. B. durch konsummaterialistische, hedonistische oder sozial-ökologische Lebensstile strukturiert sein. Das Beziehungsverhalten befolgt die gesellschaftlichen Formen, bestätigt und erweitert sie zugleich, erfüllt sie mit Subjektivität, mit Emotionalität, mit Sorge und Empathie oder mit Eigennutz. Immer wieder entstehen Lust und Befriedigung, aber auch Verletzungen und Schmerz.

Die Sphäre der menschlichen Beziehungen bleibt immer mit einer Eigendynamik verbunden, auch wenn die Kräfte der Liebe und Vernunft gesellschaftlich vereinnahmt und kommodifiziert werden. Die Entwicklung des menschlichen Bewusstseins erhebt sich über die eigennützige Ausübung von Macht und vermag auch die kompensatorische Selbsterhöhung, konkurrenzhaftes Verhalten und Profitstreben zu hinterfragen. Die mentale Bewusstseinsverfassung mit den Tendenzen zur Isolation des Individuums und zu seiner Vermassung führt zu einer dissoziativen Haltung. Der Mensch ist nicht ganz er selbst, weil er auf Kosten des einen das andere verdrängt. Deshalb hat Rudolf Bahro ja auch Anleihen bei Jean Gebser gemacht und versucht, die Vision des integralen Menschen mit weiteren Differenzierungen zu füllen.

Mit Henri Lefebvre gesprochen, befinden wir uns vor der Weggabelung der praktischen Entscheidung. Wir empfinden uns als bedrängte Subjekte mit Glücksansprüchen, die wir nur zaghaft und unvollkommen einzulösen in der Lage sind. In der gesellschaftlichen Megamaschine sind wir bedroht, uns zu verlieren und unseren Lebenssinn zu verfehlen.

Im Allgemeinen sind wir in Form von Ambiguitäten von dieser Zerrissenheit betroffen. Wir haben zwar eine Vorstellung von einer liebevollen und befriedigenden Form des Zusammenlebens, nennen wir sie *Vision der Liebe,* sind zugleich aber von Erfahrungen der Repression und der Unzufriedenheit sowie von kompensatorischen Tendenzen (z. B. im Kaufen, Arbeiten und Lieben) umgeben, die die gewählte Aktivität nicht als Selbstzweck betrachten. Das befreiende Potenzial der Liebe zeigt sich hingegen in Verbindungen jenseits des Zweckdenkens. *Eros* ist mehr auf Spiel als auf Arbeit bezogen. Wenn die Arbeit jedoch von Freiheit getragen die menschlichen Wesenskräfte entfaltet, steht sie nicht mehr im Gegensatz zum Eros.

Liebe im Business der Bewusstseinsindustrie

7

Der *menschliche* Tausch überschreitet das zweckrationale Verhältnis des Tausches von Dingen gegen Dinge oder Geld. Menschliche Eigenschaften wie Vertrauen können Beziehungen bereichern, aber sie können nicht wie Besitz ausgetauscht werden. Auch für Wissen gilt, dass der Wissende, der sein Wissen weitergibt, dieses Wissens nicht verlustig wird. Erst wenn Wissen patentiert und seine Nutzung dem Geldwert unterworfen wird, verliert es seine freie Nutzbarkeit. Auch menschliche Eigenschaften verlieren ihre freie Konvertibilität, wenn sie auf die Geldform reduziert werden. Warenform und Geldform sind zu unterscheiden: Eine Ware kann man gebrauchen, z. B. als Nahrungsmittel zu sich nehmen, Geld hingegen ist kein direkt konsumierbares Gut.

Als Beispiel für die Warenförmigkeit menschlicher Beziehung wird oft das Verhältnis von Freier und Prostituierte herangezogen. Hier geschieht ein Austausch von Dienstleistung gegen Geld. Dieser Austausch ist bestimmten Regularien unterworfen, die bekannt sein oder kommuniziert werden müssen, damit das „Geschäft" zustande kommt. Die Preisbildung orientiert sich unter anderem an der Leistung, dem Ort der Leistungserbringung, manchmal auch an der kontinuierlichen Nachfrage, die zu einer mehr oder weniger festen Geschäftsbeziehung führen kann. Die Durchführung des Tausches von Geld gegen Sex ist prinzipiell nicht ohne Verletzung von Gefühlen und die Preisgabe von Bedürfnissen nach Schutz und Würde möglich. Es kommt sehr darauf an, was der Freier von der gekauften Frau erwartet und welche Rücksichtslosigkeit er sich für sein Geld anmaßt. Das Beispiel von Strauss-Kahn hat anhand der Berichte von beteiligten Prostituierten das diesbezügliche Verständnis von Sexualität und die Verletzlichkeit von Prostituierten deutlich gemacht (vgl. Internet 8).

Das *menschliche* Problem in der Prostitution als Interaktion innerhalb einer Machtstruktur ist mit der Frage nach der Bindung bzw. Bindungslosigkeit gegeben. Der Tausch nach dem Muster der bezahlten Dienstleistung entlastet den

© Springer Fachmedien Wiesbaden 2017
B. Bierhoff, *Liebe im Konsumkapitalismus*, essentials,
DOI 10.1007/978-3-658-14717-4_7

Freier prinzipiell von gefühlsmäßigen Folgen, insofern er keine weiteren Verpflichtungen eingeht. Die auf sexueller Dienstleistung gründende Beziehung ist folgenlos und entspricht dem Muster eines temporären Kontakts, der als bindungslos oder unverbindlich definiert ist. Die Besonderheit der sexuellen Dienstleistung liegt aber in der Befriedigung körperlicher Bedürfnisse, die eine mitunter distanzierte (reale oder unreale) menschliche Nähe erfordert, und sei es die eines bereitwilligen zur Verfügung stehenden Körpers. Damit wird der auf den äußerlichen Austausch bezogene Tausch, der Geld gegen Leistung gibt, also der den Tauschwert betrifft, durch einen Gebrauchswert ergänzt, der z. B. sexuelle Spannungsreduktion in einem zwar physiologischen, aber dennoch immateriellen Sinne, auf Gefühlszustände bezogen, beinhaltet. Und genau darin scheint der über Kommodifizierung hinausreichende Kern einer solchen Tauschbeziehung zu bestehen. Auch wenn eine Tauschbeziehung auf Verdinglichung und Entfremdung gründet, verweist sie trotz ihrer reduzierten Form immer auf reichhaltigere Möglichkeiten, die dem Wunsch nach Nähe, Zärtlichkeit und Geborgenheit entsprechen. In der Kümmerform der sexuellen Dienstleistung ist der Verweis auf reichere menschliche Möglichkeiten enthalten.

Im Folgenden sollen zwei Filme als Beispiele für die Kommodifizierung von Liebesbeziehungen angeführt werden, die zugleich den um Liebe und Sexualität kreisenden medialen Markt repräsentieren, wenn auch zu unterschiedlichen Zeiten. Es handelt sich um *Pretty Woman* von 1990 und *Fifty Shades Of Grey* von 2015. Im ersteren ist die dargestellte Beziehung ein konventionelles Märchen, in dessen Mittelpunkt Geld und Schönheit stehen, im zweiten ein postmodernes Beziehungsarrangement in der Spannung von Unterwerfung und Autonomie.

In dem Film *Pretty Woman* trifft der reiche, erfolgreiche und attraktive Finanzinvestor Edward Lewis auf die Prostituierte Vivian Ward, die er als Begleiterin für gewisse Stunden und für gemeinsame kulturelle Zerstreuungen in der Freizeit anwirbt, ohne sie auf ihren Körper zu reduzieren. Hier wird eine bestimmte Form der Männlichkeit und Ritterlichkeit, die mit männlichem Narzissmus verbunden ist, als prototypisch dargestellt. Die Partizipation an Kultur (hier: Oper) repräsentiert den geschmacksbildenden Stil als Merkmal der Zugehörigkeit zu einer höheren sozialen Schicht. Hier wird nicht nur das Klischee des „Mannes von Welt" bestätigt, sondern die Dominanz des Mannes mit der Aufwertung der Frau in einer Liebe relativiert, die keine sozialen Schranken kennt. Allerdings ist es der Mann, der den scheinbar egalitären Anspruch formuliert. Das Phänomen der Verdinglichung zwischen den beiden Protagonisten wird schließlich abgemildert, indem eine Form der Nähe entsteht, die für beide Seiten nicht nur eine Befriedigung von Bedürfnissen, sondern auch gefühlsmäßige Reaktionen auf die gemeinsame Situation und damit die Realisierung von Gebrauchswert und

Intimität beinhaltet. Das Grundmuster ist freilich auf ein *Happy End* angelegt. Der erfolgreiche Geschäftsmann bekommt die hübsche Frau, nachdem er sie in einer inszenierten Liebesbekundung zutiefst beeindrucken konnte. Doch ist es die Frau, die durch ihre Wahl die Liaison bejaht. Beide sind einem Läuterungsprozess unterworfen, der freilich die realen Lebensgeschichten mit ihren Verstrickungen in Geld, Sex, Macht und Missbrauch nicht ans Tageslicht zu bringen vermag, sondern nach einem publikumswirksamen Muster gestrickt ist: Der Tauschprozess ist für beide Seiten vorteilhaft, indem sich Geld und Schönheit erfolgreich verbinden. Ein Ausbruch aus der kommodifizierten Struktur findet nicht statt, wohl aber wird das Ideal der romantischen Liebe in Verbindung mit dem Traum vom sozialen Aufstieg zelebriert.

Bevor ich den zweiten Film anspreche, will ich den Fokus kurz zur Pornografie verschieben und als Beispiel den Pornostar *Sasha Grey* heranziehen. Ihre Karriere soll mit einem Versprechen begonnen haben, das sie in ihrer Bewerbung formulierte: *„Ich bin bereit, eine Ware zu werden, um die sexuellen Fantasien der ganzen Welt zu befriedigen"* (Internet 9). Bei dieser sich inszenierenden Geschäftsfrau dominiert meines Erachtens das Motiv der Grenzüberschreitung. Mit allen Möglichkeiten sexueller Bestätigung und der Suche nach Steigerungen und Superlativen inszenierte sie sich in der einschlägigen Pornoszene und baute ihre Karriere auf. Jedes Mittel setzte sie mit einer Präzision ein, die an betriebswirtschaftliche Effizienz erinnert, um sich mit einem eigenen unverkennbaren Profil zu vermarkten, um in der Interaktion mit den männlichen Pornostars zu provozieren und wie ein Extremsportler ihre eigenen Grenzen immer wieder auszuloten. Vaginales Training zur Orgasmussteigerung und -kontrolle waren ihr wichtig. Immer war sie darauf bedacht, die besonderen gesundheitlichen Risiken ihres Berufes zu minimieren. Interviews mit ihr lesen sich sehr rational, also berechnend, als ob sie alles bewusst inszeniert und unter Kontrolle hatte, bis zu ihrem geplanten Ausstieg aus dem Pornogeschäft (Internet 10).

Auch hier stellt sich die Frage nach der Kommodifizierung. Mit Pornografie verdiente sie ihr Geld, aber sie fand sich bald in der privilegierten Situation, sich nicht verkaufen zu *müssen*. Sie konnte *nein* sagen, sich nicht Drehbüchern mit erwarteten Szenen unterwerfen. Genau das machte sie erfolgreich. Dass dieser zur Marktreife entwickelte Sex einer ultimativen Pornografie neue Maßstäbe setzte, symbolisiert meines Erachtens eine totale Unterordnung der sexuellen Praktiken und Gefühle unter die Kontrolle und den Aufbau einer Karriere mit einer effizienten betriebswirtschaftlichen Strategie, die im materiellen Sinne erfolgreich macht. Diese neue Art von Pornografie unterliegt nicht der Ausbeutung durch andere, allenfalls der Selbstausbeutung, während andere Pornostars und -sternchen in manchen Sexpraktiken und Arrangements des

„Genommenwerdens" vergleichsweise bemitleidenswert erscheinen und auf die Äußerung eigener Wünsche als Frau prinzipiell verzichten.

Die Pornografie als äußeres Geschehen, das vom Beobachter konsumiert werden kann, ist eine Seite des Phänomens, die marktgemäß vermittelt ist und Warencharakter hat. Für den Konsumenten mag gelten, dass er mit dem visuell Wahrgenommenen ein gebrauchswertorientiertes Erleben verbindet. Auch andere marktvermittelte Formen der Sexualität wie Telefonsex lassen sich, trotz einer gewissen Gebrauchswertorientierung für den Kunden, als Betrug an der Sinnlichkeit entschleiern. Hier geschieht etwas für den zeitgenössischen Konsumismus Typisches. Die menschlichen Bedürfnisse und Wünsche werden nach dem Drehtürprinzip befriedigt. Darin liegt die Entfremdung ihres Vermitteltseins über den Markt. Jedoch wird nicht nur das eine oder andere Bedürfnis über den Markt aufgenommen und vermittelt, sondern es werden Verhaltensmodelle aufgezeigt und den Menschen als erwünscht und zweckmäßig nahegebracht. Dies betrifft Dimensionen wie Mann und Frau (oder Mann und Mann, Frau und Frau) oder Arrangements von mehreren Personen bis hin zum Gruppensex. Im Marketing spielt eine wichtige Rolle nicht das rationale Argument, genau dies oder das auszuprobieren, sondern das „Warum nicht?" im Sinne von Erich Fromm. „Warum sollte ich diese oder jene Erfahrung nicht auch noch machen?", diesen Superlativ erleben, um auf der Grundlage bestimmter neuer Erfahrungen mitreden zu können. Warum sollte ich diese oder jene Sexualpraktik nicht ausprobieren, um mich damit erfahrungsmäßig zu bereichern und als „offen" darzustellen?

Als Beispiel in diesem Zusammenhang bietet sich der schon erwähnte Film *Fifty Shades Of Grey* an, der auf dem gleichnamigen Roman von E. L. James basiert. Von der Romantrilogie ist bislang nur der erste Band verfilmt. Die bisher differenzierteste Analyse des Romans hat Eva Illouz (2013) vorgelegt.

Auch wenn weder der Roman noch der Film zu den Werken gehören, die Niveau beanspruchen können, ist der Verkaufserfolg insbesondere der Romantrilogie bemerkenswert. Einen solchen Erfolg kann man weder mit geschicktem Marketing noch mit Qualitäten der Autorin oder des Werks begründen. Von daher kann es nur die Thematik sein, die zu den extrem hohen Verkaufszahlen geführt hat. In Zeiten, in denen es keine Geheimnisse und nur noch wenige Tabus gibt und alle Gefühle, alle Beziehungsformen, alle Ansprüche und Verunsicherungen etc. in das Rampenlicht des Marketings und Massenkonsums gezerrt werden, bei einem Überangebot von virtuellen Möglichkeiten auf dem Personalmarkt, ist es nicht einfach, eine Beziehung mit Beharrlichkeit und Durchhaltevermögen zu gestalten und die Liebe neu zu entdecken.

Für Menschen, die experimentierfreudig sind, sexuell etwas erleben wollen, zudem haltsuchend und bindungsängstlich sind, alltägliche Zerstreuungen brauchen, um sich von inneren Zuständen wie Langeweile, Einsamkeit oder Überdruss abzulenken, die vor zu viel Nähe in die Unverbindlichkeit fliehen, die den Versprechungen der unbegrenzten Möglichkeiten folgen, allein oder in Beziehung, in festen Bindungen oder wechselnden Kontakten, in sequenziellen Partnerschaften oder in Körperfreundschaften glücklich zu werden, haben der Film wie der Roman eine Botschaft: es ist lohnenswert sich einzulassen; aus sexueller Betätigung mit Zuneigung können sich Bindung und Liebe entwickeln. Die wechselseitige Anerkennung der Subjekte und ihre unbedingte Annahme, auch mit allen persönlichen Beschädigungen und Einschränkungen, kennt nur einen wirklichen Grund: die Liebe. Vielleicht gehört auch die Botschaft im Hintergrund dazu, es lohne sich, da Gefühle zu investieren, wo die Rendite besonders hoch ist. Aber das wird als Haltung eher ausgeschlossen, weil es gegenromantisch wäre. Appelliert wird an die Hoffnung von fast allen Menschen, in mindestens einer tragfähigen, erotischen, vertrauensvollen und verlässlichen Beziehung auf die Anstrengung der permanenten Selbstinszenierung zu verzichten und so angenommen zu werden wie man ist, um seiner selbst willen. Genau auf diesem Hintergrund lässt sich eine Interpretation von *Shades Of Grey* versuchen.

Die experimentierfreudige, sich zu Beginn neugierig und subaltern in Sexspiele einlassende Anastasia Steele, der von Anbeginn an von ihrem Lehrmeister Christian Grey deutlich gemacht wird, sie werde „hart genommen", strahlt durch ihre Hingabe und ihr Lusterleben eine Gestaltungskompetenz aus, die das Gefühlsleben ihres Gespielen Grey beeinflusst, ihn aus der schizoiden Distanz des Liebemachers und Arrangeurs einfängt und seine Angst vor Nähe zunehmend mildert. Dabei scheint ihr Verhalten von Anbeginn an von Verliebtheit und Liebe geprägt zu sein, verbunden mit Gefühlen und Wünschen nach Bindung. Sie ist in dem Umfang erfolgreich, wie hinter der vermeintlichen Bindungslosigkeit von Grey Bindungsmotive sichtbar werden. Während die sexuelle Dominanz für Grey zunächst die notwendige Basis für sein Einlassen auf eine körperliche *Bdsm*-Beziehung ist, entwickelt die erfahrene emotionale Zuwendung seitens seiner Gespielin sein Bedürfnis nach mehr. So wird in einer kommodifizierten Struktur eine Form liebender Bezogenheit geboren, die die Protagonisten nach und nach aus dem Schwerefeld der Kommodifizierung befreit.

Damit nähert sich die von Grey auf rein sexueller Grundlage begonnene Beziehung, für die so etwas wie bindungslose Bindung typisch erscheint, schrittweise dem Modell der Sexualität mit Bindung an, die sich zu einer „festen" Beziehung, ja bis in eine Ehe entwickeln kann. In einer Situation der sexuellen Freiheit, die unterschiedlichste Aktivitäten ermöglicht, scheint für Steele die Frage der „Freiheit wofür?" wichtig zu werden. Entsprechend ist die Sexualität des Menschen in der Postmoderne mit der Frage verbunden, ob sie vorrangig eine

Quelle der Abwechslung, Zerstreuung und Lust ist oder mit anderen menschlichen Qualitäten wie Empathie, Sorge, Liebe verbunden sein soll. Soll sie im Hier und Jetzt mit neuen Partnern immer wieder neu arrangiert werden oder ist sie darauf gerichtet, mit einem Partner oder sequenziellen Partnern ein Liebesverhältnis mit zeitlicher Dauer zu begründen?

In *Fifty Shades Of Grey* entsteht eine Romantik, die der zweckrationalen Geschäftigkeit der Pornoindustrie, für die der ehemalige Pornostar *Sasha* Grey steht, eine Alternative entgegensetzt. Das macht *Shades Of Grey* auch für Paare untereinander und im gemischtgeschlechtlichen Freundeskreis, im Gegensatz zu Pornografie, zum expliziten Gesprächsstoff. Doch inwieweit *Shades Of Grey* den Konsumenten der Beziehungsgeschichte von Anastasia Steele und Christian Grey tatsächlich Anregungen für die Beziehungsgestaltung geben kann, erscheint fraglich. Die Befreiung von der kommodifizierten Struktur bleibt letztlich wohl eine Illusion. Auch der kommunikative Austausch entreißt den Film, genauso wie den Roman, nicht der Sphäre der Kommodifizierung. Denn mit ihm werden Fantasien, die als privat erscheinen, von der Bewusstseinsindustrie kommerziell kultiviert und ein Verhaltens- und Beziehungsmodell verbreitet, das typische Konsumhaltungen aufbaut und verstärkt. Immer sublimere Formen konsumierbarer Dominanz und Subalternität werden entwickelt, um die menschlichen Bedürfnisse und Wünsche marktgemäß auszubeuten. Der Konsumlogik folgend, wird an den Defiziten und Wünschen der Konsumenten angesetzt und Befriedigung in Aussicht gestellt. Diese darf aber nicht umfassend gewährt werden, wenn die Kommodifizierung Bestand haben soll. Dennoch bleiben untergründig Anspruch und Hoffnung der Menschen im Konsumkapitalismus bestehen, lustvolle, reichhaltige, romantische und vertrauensvolle partnerschaftliche (Liebes-) Beziehungen aufzubauen und aufrechtzuerhalten, die den Ausstieg aus dem Konformismus und der Kommodifizierung durch gemeinsames Wachstum ermöglichen.

Bloßer Konsum von Beziehung und Sexualität wie am Phänomen der Sexsucht oder der Pornografie beschreibbar, kann Beziehungen keinen Gestaltungsrahmen geben, zumal diese Formen jeglicher Romantik und Feinfühligkeit entbehren. Der Roman und mit ihm der Film gibt mit der inszenierten Beziehungsgeschichte eine wesentliche Botschaft bzw. vermittelt eine wesentliche gleichwohl banale Erkenntnis: Beziehungen mit Bindung und Freiheit lassen sich nur in einem Rahmen gestalten, der Begehren und Verlassensängste, Hingabe und Bindungsängste, Wünsche nach Abwechslung, Neubeginn und Identität umfasst. Roman und Film legen auch nahe, dass im Zeitalter von Online Dating-Plattformen und Pornografie das Lieben sich gegenüber Tauschen und Gebrauchen als eigenständig erweist und dass in einer kommodifizierten Struktur, die von Marktsubjektivität und Verdinglichung geprägt ist, eine Grenzüberschreitung in Richtung Lieben und Haltfinden als notwendig erscheint.

Problematisch dürfte bleiben, dass sich dieses Liebesmodell in der Wirklichkeit kaum realisieren lässt; dafür ist es zu einfach und glatt und präsentiert allenfalls ein *Happy End auf Raten*. Ein Happy End wie vormals in PRETTY WOMAN kann die zerrissene Welt auch symbolisch nicht mehr heilen. Dafür ist die heutige Beziehungsrealität mit all ihrer Freizügigkeit viel zu desillusionierend und nicht zuletzt von den persönlichen Ansprüchen auf Liebe, Selbstverwirklichung entweder befreit oder überfrachtet. Die Protagonisten müssen sich immer wieder neu finden. Im realen Beziehungsalltag gehen jedoch die Verstrickungen und Knoten, die Enttäuschungen und Unfähigkeiten weit über die im Roman inszenierten hinaus, so dass die Befreiung aus der kommodifizierten Struktur überwiegend ein Traum bleibt. Immerhin erinnert SHADES OF GREY an diesen Traum und hält ihn gegenwärtig. Der Fantasie bietet der Roman offenbar genügend Material, das Thema virulent zu halten, und stellt auf der personalen Ebene die Herausforderung dar, mit viel Beharrlichkeit und einem unbeirrbaren Instinkt für das Lohnenswerte an der Integration von Lust und Intimität zu arbeiten.

Epilog: Überwindung der Glücksarmut durch Liebe

8

Liebe ist mit Glücksansprüchen und dem Erleben von Glück verbunden. Dieses Glück meint auch die Freude am persönlichen Wachstum des eigenen Selbst mit den reichhaltiger werdenden Beziehungen zu anderen, die einem am Herzen liegen. In der Verliebtheit wird von den Liebenden Glück erfahren. Die Erfahrung der Flüchtigkeit des Glücks zeigt, dass sich Glück nicht einfangen lässt. Die Jagd nach dem Glück macht es unerreichbar. Je angestrengter man nach dem Glück greift, umso mehr weicht es zurück. Es ist mit einer Leichtigkeit verbunden, die sich nur dem erschließt, der abwarten kann, der nichts erzwingen will und seinen Lebensweg mit Gelassenheit geht. Glück ist ein immaterielles Gut, das nicht auf dem Markt gehandelt werden kann und nicht der ökonomischen Effizienz- und Profitlogik unterliegt. Das Märchen von *Hans im Glück* macht das deutlich. Glück ist eine unbeschwerte Haltung, die den Abläufen des Lebens immer wieder einen persönlichen Sinn abgewinnen kann – auch und gerade dann, wenn man Tauschwerte, die sich in Gold und Geld ausdrücken lassen, verliert. Hans lebt in einer nicht ökonomisierten Welt. Mit Freude kehrt er nach seiner Gesellenzeit und Wanderschaft nach Hause zu seiner Mutter zurück. Beziehungen scheinen für ihn bedeutungsvoll zu sein. Wir wissen nichts über die Erziehung, die dazu beigetragen hat, Hans zu dem Menschen gemacht zu haben als der er erscheint. Allerdings gibt es Bedingungen des Glücks, die in der Erziehung bereits der frühen Jahre liegen. In einer ökonomisierten Welt wäre Hans ein im Unglück lebender Hans, der dumm und einfältig genannt würde, da ihm der Geschäftssinn und das Gespür für die Mehrung von materiellen Werten fehlten.

Das Märchen wurde Anfang des 19. Jahrhunderts in die von den Gebrüdern Grimm gesammelten Märchen eingereiht. Ein anderes Märchen, das die Suche nach Glück durch ökonomischen Erfolg in den Mittelpunkt stellt, wurde 1827 von Wilhelm Hauff unter dem Titel *Das kalte Herz* verfasst. Der in diesem

© Springer Fachmedien Wiesbaden 2017
B. Bierhoff, *Liebe im Konsumkapitalismus*, essentials,
DOI 10.1007/978-3-658-14717-4_8

Märchen beschriebene Erfolg, der sich in Geld und Reichtum bemessen lässt, verhärtet allerdings das Herz, macht geizig und empfindungslos.

In dem beginnenden Industriekapitalismus entstanden neue unternehmerische Haltungen, die mit der technologischen Applikation der Naturwissenschaften gefördert wurden und die sich in dem kristallisierten, was ich als *industrielles Selbst* bezeichnen möchte. In der Romantik entstand gegen die in einer entzauberten Welt rationalistisch verengte Vernunft ein neues Verhältnis zur Natur und zum Gefühl. Das *romantische Selbst,* von dem Eva Illouz spricht, ist aus dieser Strömung hervorgegangen und beharrt auf der Möglichkeit, in der Liebe Leidenschaft und Glück, Hingabe, Anteilnahme und Annahme zu erfahren. Das industrielle Selbst ist durch die zunehmende Kommodifizierung in einen Gegensatz zum romantischen Ideal geraten, wobei auch das romantische Selbst im Konsumkapitalismus u. a. durch Werbung vereinnahmt wird, etwa um Konsummotive aufzubauen und Bedürfnisse auf bestimmte Waren zu richten. Diese Bedürfnisse können durchaus immateriell sein und sich als romantisch beschreiben lassen. Neue Formen der Liebe zeigen, wie das romantische Selbst im Konsumkapitalismus funktionalisiert wird. Das industrielle Selbst ist mit dem romantischen Selbst noch nicht versöhnt, geschweige denn vereint.

Die Bewusstseins- und Kulturindustrie weist keine Vision einer nachindustriellen Lebensweise auf, sondern will alle Parameter der Naturausbeutung und Massenproduktion, bis auf wenige eher kosmetische Korrekturen, für einen quantitativen Wohlstand fortschreiben, der in Automobilen und anderen Konsumgütern bemessbar bleibt. Die in der Lebenswelt vorhandenen alternativen Potenziale bleiben derzeit verschüttet. Sie lassen sich nur in einem aktiven Gemeinwesen stärken. Es kommt darauf an, dass wir unsere Fähigkeiten der Empathie und Zuwendung erproben und gemeinsame Lösungen hervorbringen, die auf konvivialer Technik, dezentralen Unterstützungsstrukturen und gemeinwesenorientierter Ökonomie beruhen und neue Formen der Öffentlichkeit und Verständigung hervorbringen.

Liebe ist dem Ökonomischen entgegengesetzt und strebt nie Effizienz an. Wie sollte effiziente Liebe aussehen? Sie könnte nicht individuell sein, sich verschenken ohne Kalkül, sondern bliebe ein rationaler Tausch, statt ein Gefühlsausdruck jenseits der Warenstruktur zu sein, unabhängig von der Erwiderung, die gewünscht ist, aber nicht erzwungen werden kann. Um frei zu sein und grenzüberschreitend zu wirken, muss die Liebe aus der Kommodifizierung heraustreten.

Mit diesen Hinweisen lässt sich überleiten zu der *rettenden Bewusstheit,* auf die Rudolf Bahro setzt. Können wir vorbehaltlos erkennen, was in den zwischenmenschlichen Beziehungen – die eigenen Beziehungen eingeschlossen – geschieht, die im Neoliberalismus der ökonomischen Effizienz und den Flexibilitätserwartungen unterworfen werden, und wie wir bis in unseren Charakter und unser Bewusstsein hinein deformiert werden? Wesentlich geht es hier um Gesellschafts- und Selbsterkenntnis. Auch sind Theorien der Bewusstseinsentwicklung notwendig, wie Rudolf Bahro sie in Aufnahme der Philosophie Jean Gebsers vertreten hat. Des Weiteren lassen sich Theorien der Entwicklung der Kognition, der Emotionen und der Moral einbeziehen, die die historische Anhebung des anthropologischen Entwicklungsniveaus beschreiben. Nach Bahro kann die Umkehr nur aus dem menschlichen Genotyp und der notwendige Bewusstseinswandel nur aus den Tiefenschichten des menschlichen Wesens resultieren. Deshalb ist der Blick von der Liebe auf die *conditio humana* und das *wahre Selbst* zu erweitern, das Bahro als den „Schlüssel zur Auflösung der Megamaschine" erachtet.

Der hoffende Eros, die ästhetische Gesellschaft und der kommunitäre Sozialismus – die dezentralisierte Verantwortungsgesellschaft, das aktive Gemeinwesen und die geschwisterliche Verbundenheit der Menschen – beschreiben einen gangbaren Weg der Rettung. Dieser Weg ist an die unverzichtbare Transformation des Ökonomischen gebunden. So wie die Kommodifizierung in der herrschenden Ökonomie festgeschrieben ist, lässt sich die verdinglichte Struktur des Zusammenlebens nicht ohne durchgreifende Änderungen im Ökonomischen überwinden. Es gibt kaum einen sozialen Bereich, der so lieblos wie die Ökonomie mit ihrem betriebswirtschaftlichen Effizienzdenken ist. Hingegen orientieren sich auf das Gemeinwohl bezogene Ansätze der Sozialorganisation und der Gemeinwesenökonomie an Liebe und Verantwortung. Die alternative Ökonomie muss sich an zwei von Rudolf Bahro kritisch verwendeten Begriffen messen lassen: *Erzeugungsschlacht* und *Nimmersattprinzip*. Wenn sie auf die Erzeugungsschlacht in der Massenproduktion und die Steigerung der Wünsche der Konsumenten ins Unendliche verzichten kann, bietet sie eine reale Chance auf Erneuerung und Rettung.

Die notwendige *Erneuerung der Kultur,* für die Rudolf Bahro (1990) plädiert, bedarf einer integralen Vision, in der konviviale Technik, Subsistenzwirtschaft und Gemeinschaft die Basis für eine Transformation in Liebe, Erkenntnis und Arbeit bilden. So grundlegend die erotische Dimension im Zusammenleben der Menschen auch ist, mit Bahro ist sie nicht als *der* Schlüssel, sondern als einer neben anderen zu betrachten. Entscheidend ist der Kontext, in dem die Kräfte der Liebe und Vernunft sich entwickeln können und zur Geltung drängen. Um die gestörte Weltharmonie zu heilen, die in der Desorganisation unseres Geistes- und Gefühlslebens liegt, müssen wir die Wechselbeziehung von Psychodynamik und Weltkrise erkennen und die Kraft der Liebe auf neue lohnenswerte Ziele richten.

Was Sie aus diesem *essential* mitnehmen können

- Der Konsumkapitalismus mit seiner Massenproduktion und dem Überkonsum hat auch die Formen der Liebe verändert und zum Teil deutlich kommodifiziert.
- Die Kommodifizierung der Liebe findet ihre Grenzen dort, wo die Liebenden ihre immateriellen Bedürfnisse nicht auf die Warenform reduzieren können und das Lieben als befreiende Kraft die Menschen inspiriert
- Die Chance der Liebe als befreiende Kraft entsteht in den Herzen der Menschen, die sich auf das Wagnis der Liebe einlassen

© Springer Fachmedien Wiesbaden 2017
B. Bierhoff, *Liebe im Konsumkapitalismus*, essentials,
DOI 10.1007/978-3-658-14717-4

Literatur

Bahro, Rudolf. 1990. *Logik der Rettung. Wer kann die Apokalypse aufhalten? Ein Versuch über die Grundlagen ökologischer Politik.* Berlin: Unionsverlag.

Barber, Benjamin. 2008. *Consumed! Wie der Markt Kinder verführt, Erwachsene infantilisiert und die Demokratie untergräbt.* München: Beck.

Baudrillard, Jean. 2015. *Die Konsumgesellschaft. Ihre Mythen, ihre Strukturen.* Wiesbaden: Springer VS.

Bauman, Zygmunt. 2009. *Leben als Konsum.* Hamburg: Hamburger Edition.

Bierhoff, Burkhard. 2013. The lifestyle discourse in consumer capitalism. *Social Change Review. Summer 2013* 11(1): 85–101.

Bierhoff, Burkhard. 2016a. *Konsumismus. Kritik einer Lebensform*, 2. Aufl. Wiesbaden: Springer VS.

Bierhoff, Burkhard. 2016b. Aufstieg und Elend des Konsumkapitalismus. Ambiguitäten und Transformationschancen heute. In: *Fromm Forum.* Heft Nr. 20/2016. 17–24.

Bierhoff, Burkhard. 2016c. Die Konsumgesellschaft und der postmoderne Konsument. In: *Haushalt in Bildung & Forschung* 5(3): 3–18.

Blum, Deborah. 2010. *Die Entdeckung der Mutterliebe. Die legendären Affenexperimente des Harry Harlow.* Weinheim: Beltz.

Brückner, Peter. 1973. *Freiheit, Gleichheit, Sicherheit. Von den Widersprüchen des Wohlstands.* Frankfurt a. M.: Fischer Taschenbuch Verlag.

Debord, Guy. 1973. *Die Gesellschaft des Spektakels.* Düsseldorf: Projektgruppe Gegengesellschaft.

deMause, Lloyd. 2005. *Das emotionale Leben der Nationen.* Klagenfurt: Drava.

Farley, Margaret A. 2014. *Verdammter Sex. Für eine neue christliche Sexualmoral*, 2. Aufl. Darmstadt: Konrad Theiss Verlag.

Fratzscher, Marcel. 2016. *Verteilungskampf. Warum Deutschland immer ungleicher wird.* München: Hanser.

Fromm, Erich. 1955. *Wege aus einer kranken Gesellschaft.* In: Gesamtausgabe IV. Hrsg. von Rainer Funk. 1–254. München: Deutsche Verlags-Anstalt & Deutscher Taschenbuch Verlag.

Fromm, Erich. 1956. *Die Kunst des Liebens.* In: GA IX, 437–518.

Fromm, Erich. 1976. *Haben oder Sein. Die seelischen Grundlagen einer neuen Gesellschaft.* In: GA II, 269–414.

Fromm, Erich. 1999. *Gesamtausgabe in 12 Bänden* (GA I bis GA XII).

© Springer Fachmedien Wiesbaden 2017

B. Bierhoff, *Liebe im Konsumkapitalismus*, essentials,

DOI 10.1007/978-3-658-14717-4

Gebser, Jean. 1973. *Ursprung und Gegenwart. 1. Teil und 2. Teil.* München: Deutscher Taschenbuch Verlag.

Gorz, André. 1994. *Kritik der ökonomischen Vernunft. Sinnfragen am Ende der Arbeitsgesellschaft.* Hamburg: Rotbuch.

Grant, Linda. 1994. *Versext. Die sexuelle Revolution. Geschichte und Utopie.* Hamburg: Ingrid Klein Verlag.

Hosang, Maik, and Hüther, Gerald. 2012. *Die Liebe ist ein Kind der Freiheit – Die Freiheit ist ein Kind der Liebe.* Freiburg i. Br.: Kreuz.

Illich, Ivan. 1980. *Selbstbegrenzung. Eine politische Kritik der Technik.* Reinbek: Beck.

Illouz, Eva. 2003. *Der Konsum der Romantik. Liebe und die kulturellen Widersprüche des Kapitalismus.* Frankfurt a. M.: Campus.

Illouz, Eva. 2007. *Gefühle in Zeiten des Kapitalismus.* Frankfurt a. M.: Suhrkamp.

Illouz, Eva. 2013. *Die neue Liebesordnung. Frauen, Männer und Shades of Grey.* Berlin: Suhrkamp.

Keen, Sam. 1992. *Die Lust an der Liebe. Leidenschaft als Lebensform.* Heyne: München.

Laing, Ronald D. 1979. *Die Politik der Familie.* Reinbek: Rowohlt.

Lasch, Christopher. 1995. *Das Zeitalter des Narzissmus.* Hamburg: Hoffmann und Campe.

Lefebvre, Henri. 1987. *Kritik des Alltagslebens. Grundrisse einer Soziologie der Alltäglichkeit.* Frankfurt a. M.: Fischer Taschenbuch-Verlag.

Lewis, Justin. 2013. *Beyond Consumer Capitalism. Media and the Limits to Imagination.* Cambridge: Polity Press.

Maaz, Hans-Joachim. 2003. *Der Lilith-Komplex. Die dunklen Seiten der Mütterlichkeit.* München: Beck.

Marcuse, Herbert. 1965. *Triebstruktur und Gesellschaft. Ein philosophischer Beitrag zu Sigmund Freud.* Frankfurt a. M.: Suhrkamp.

Mattes, Peter, und Dege, Martin, Hrsg. 2014. Polyamory. *Journal für Psychologie* 22 (1) (ISSN: 2198–6959).

Matuschek, Milosz. 2014. *Das romantische Manifest. Schluss mit der Suche nach der perfekten Liebe.* Berlin: C. Link Verlag.

Mumford, Lewis. 1974. *Mythos der Maschine. Kultur, Technik und Macht.* Wien: Europa-Verlag.

Oesterdiekhoff, Georg W. 2013. *Die Entwicklung der Menschheit von der Kindheitsphase zur Erwachsenenreife.* Wiesbaden: Springer VS.

Pagès, Max. 1974. *Das affektive Leben der Gruppen. Eine Theorie der menschlichen Beziehung.* Klett: Stuttgart.

Perls, Frederick S. 1969. *Gestalt-Therapie in Aktion.* Stuttgart: Klett.

Piaget, Jean. 1981. *Das Weltbild des Kindes.* Stuttgart: Klett.

Rifkin, Jeremy. 2000. *Access. Das Verschwinden des Eigentums.* Frankfurt a. M.: Campus.

Rifkin, Jeremy. 2010. *Die empathische Zivilisation. Wege zu einem globalen Bewusstsein.* Frankfurt a. M.: Campus.

Sigusch, Volkmar. 2013. *Sexualitäten. Eine kritische Theorie in 99 Fragmenten.* Frankfurt a. M.: Campus.

Stiemerling, Dietmar. 2000. *Was die Liebe scheitern lässt. Die Psychologie der chronisch gestörten Zweierbeziehung.* Stuttgart: Klett-Cotta.

Internetquellen

Internet 1. https://archive.org/details/SurplusKonsumTerror. Zugegriffen: 01. Apr. 2016.

Internet 2. http://wwww.spiegel.de/kultur/gesellschaft/foto-serie-ueber-silikonpuppen-jenny-hat-eine-seele-a-1078861.html. Zugegriffen: 01. Apr. 2016.

Internet 3. http://www.bild.de/unterhaltung/leute/micaela-schaefer/wieder-beauty-op-body-check-mit-kim-kardashian-42351060.bild.html. Zugegriffen: 01. Apr. 2016.

Internet 4. http://www.focus.de/kultur/videos/micaela-schaefer-kein-orgasmus-beim-sex_id_4597671.html. Zugegriffen: 01. Apr. 2016.

Internet 5. http://www.focus.de/kultur/kino_tv/adam-sucht-eva-erster-insel-sex-bei-nackt-datingshow_id_4894362.html. Zugegriffen: 01. Apr. 2016.

Internet 6. http://www.stern.de/lifestyle/leute/winnetou--nik-xhelilaj-wird-fuer-rtl-der-nachfolger-von-pierre-brice-6416188.html#mc-0_1440435056728. Zugegriffen: 01. Apr. 2016.

Internet 7. http://www.huffingtonpost.de/2015/08/04/schoenste-vagina-welt_n_7934896.html. Zugegriffen: 01. Apr. 2016.

Internet 8. http://www.spiegel.de/panorama/justiz/dominique-strauss-kahn-vorwuerfe-in-zuhaelterei-prozess-a-1017980.html. Zugegriffen: 01. Apr. 2016.

Internet 9. http://www.welt.de/kultur/article120863021/Sasha-Grey-das-schmutzigste-Maedchen-der-Welt.html. Zugegriffen: 01. Apr. 2016.

Internet 10. http://www.spiegel.de/kultur/gesellschaft/ex-pornostar-sasha-grey-ich-wollte-die-maenner-verunsichern-a-791470.html. Zugegriffen: 01. Apr. 2016.